Bienvenue à Copenhague

Nyhavn.
Sean Pavone/iStock

LILLET

Arriver à Copenhague

EN AVION

De l'aéroport de Kastrup

Copenhagen Airports A/S – ✆ *32 31 32 31 - www.cph.dk.* 7 km au sud-est de Copenhague.

L'aéroport est très bien relié au centre-ville par les trains (S-Tog, l'équivalent de notre RER), le métro et le bus, qui partagent le même système de billets. Ceux-ci s'achètent, aux distributeurs automatiques du terminal d'arrivée (CB acceptées). Pour aller de l'aéroport au centre-ville, vous aurez besoin d'un ticket 3 zones *(36 DKK, -15 ans 18 DKK, Copenhagen Card - voir ci-contre).* Les pass 24h et 72h *(voir p. 120)* sont également valables pour rejoindre le centre-ville de l'aéroport.

En train – Un départ toutes les 10mn (plate-forme 2) pour un trajet de 14mn jusqu'à la gare centrale (København K). Le train dessert aussi Nørreport, Elseneur (Helsingør), et dans l'autre sens (plate-forme 1) Malmö en Suède.

En métro – La station Lufthavnen (ligne M2, *voir au verso du plan détachable*) se situe au bout du terminal 3. La ligne permet de relier Kongens Nytorv, Nørreport et Forum (Nørrebro). Un départ toutes les 4-6mn pour un trajet de 20mn.

En bus – L'arrêt se situe à la sortie du terminal 3. Prenez le n° 5C pour la gare centrale *via* la place de l'Hôtel-de-Ville. Un départ toutes les 15mn pour un trajet de 40mn.

En taxi – La station se situe à la sortie du terminal 3. Comptez 260 DKK (CB acceptées) et 25mn jusqu'au centre-ville.

Centre d'information – ✆ *32 31 24 47 - 6h-0h.* Brochures gratuites, plans de la ville, Copenhagen Card *(voir ci-dessous)*, cartes de téléphone, location de taxis et réservation d'hôtels.

Danske Bank – *À côté du centre d'information - 5h-22h.* Guichets automatiques et bureau de change. Le taux est le même que dans les banques de Copenhague. Certains bureaux de change du centre-ville proposent un taux plus intéressant.

Copenhagen Card

Elle permet d'accéder gratuitement au réseau de transports, de visiter 86 musées et sites, d'emprunter les ferries à destination de la Suède, de faire des promenades sur les canaux, et d'obtenir des réductions dans certains restaurants, certains magasins et chez les loueurs de voitures. Valable pour 24h, 48h, 72h ou 120h (respectivement 399, 569, 689 ou 899 DKK; -16 ans 199, 289, 349 ou 449 DKK).
Plus de renseignements : https://copenhagencard.com

Farniente sur le Børskaj (quai de la Bourse).
E. Boucher/Michelin

Les immanquables

notre sélection des plus beaux sites

Musée du Design ★★
Plan G3 - p. 46

Château de Kronborg ★★★
Carte Sjælland - p. 74

Centre historique ★★
Plan DE4-5
p. 20

Château de Rosenborg ★★★
Plan E3 - p. 49

Musée des Bateaux vikings ★★★
Carte Sjælland - p. 68

Jardin botanique ★
Plan E3 - p. 52

Musée Louisiana ★★★
Carte Sjælland - p. 67

Nyhavn ★★★
Plan F5 - p. 42

Musée national ★★★
Plan E6 - p. 33

Glyptothèque Ny Carlsberg ★★★
Plan E6 - p. 38

Nos coups de cœur

Se réchauffer au jardin d'hiver de la Glyptothèque Ny Carlsberg. Quand le vent devient glacial, quel bonheur de trouver refuge sur les bancs de ce jardin tropical un peu désuet, avec ses statues classiques et sa végétation luxuriante, à l'entrée du musée. *Voir p. 38.*

Savourer un roulé à la cannelle. À Copenhague, pas une pâtisserie sans *kanelsnegle*, ces brioches traditionnelles à la cannelle et au sucre. Notre préférée : celle de *Lagkagehuset*, une chaîne bien implantée à Copenhague. *Voir p. 82.*

JJFarquitectos/iStock

Viennoiseries danoises.

Regarder le soleil se coucher sur Refshaleøen. Cet ancien quartier industriel est en plein renouveau. Au bord du canal et des bassins des chantiers navals, de nouvelles adresses décontractées s'ouvrent. Parmi celles-ci, *La Banchina*, dont le ponton est le lieu idéal pour prendre un verre et grignoter en fin d'après-midi. *Voir p. 94.*

Découvrir le « vrai » Borgen. Le temps d'une visite guidée sur les pas de la plus célèbre série télévisée danoise, avec bien sûr une halte au château de Christiansborg, surnommé Borgen (le château), siège du Parlement et du Premier ministre, où se déroule l'intrigue. *Voir p. 29 et 122.*

Faire du vélo dans le cimetière de l'Assistance. Avec ses bosquets touffus, le cimetière de Nørrebro est un charmant lieu de promenade, avec deux allées autorisées aux cyclistes. Écolos jusqu'au bout ! *Voir p. 13 et 58.*

Prendre de la hauteur à la Tour ronde. Depuis cette plate-forme, que l'on atteint par une longue rampe en spirale, on envisage la

Getty Images

Le Jardin royal (Kongens Have) et le château de Rosenborg.

situation géographique privilégiée de Copenhague, fermant l'extrémité sud de la péninsule scandinave. *Voir p. 23.*

S'offrir un café panoramique. Ou même un repas entier, au restaurant *Tårnet*, perché dans la tour du château de Christiansborg, pour une vue sur les toits du palais royal. *Voir p. 84.*

Pique-niquer dans le jardin de la Bibliothèque royale. Aux beaux jours, tout Copenhague semble vivre dans les parcs de la capitale. Notre favori est une pépite cachée entre les remparts de Christiansborg et la Bibliothèque royale. *Voir p. 32.*

Rêver son intérieur chez Illums Bolighus. Cette chaîne de grands magasins dédiés à la maison possède son vaisseau amiral sur Strøget : quatre étages où paradent toutes les grandes marques du design danois, pour tous les budgets. *Voir p. 97.*

Arpenter les rues de Christiania, cette enclave libertaire, véritable ville dans la ville habitée par hippies et artistes. Street art, artisanat, architecture brinquebalante et plantation de cannabis... À découvrir plutôt en journée ! *Voir p. 55.*

Copenhague en 3 jours

JOUR 1

Matin

Remontez à pied **Strøget**, la rue piétonne qui traverse le **centre historique★★** *(p. 20)*, reliant l'hôtel de ville et la Nouvelle Place Royale. Prenez le temps de découvrir les ruelles adjacentes et arrêtez-vous boire une bière sur la charmante **place des Frères-Gris★** *(p. 22)*. Montez à la **Tour ronde★** *(p. 23)* pour le panorama sur la ville (et la Suède s'il fait beau). Déjeunez dans le **Quartier latin★** *(p. 23)*, ou au marché de **Torvehallerne**, voisin *(p. 53)*.

Après-midi

Visite du superbe château de **Rosenborg★★★** *(p. 49)*, l'ancienne résidence du roi Christian IV. À pied (ou à vélo), rejoignez le **musée du Design★★** *via* le quartier **Nyboder** *(p. 46)*.

Soirée

Poursuivez vers la **citadelle** *(p. 44)* que l'on traverse pour rejoindre la fameuse **Petite Sirène**, posée dans un site industrialo-portuaire. Pour revenir dans une carte postale, marchez (ou pédalez) le long des quais pour dîner à **Nyhavn★★★** *(p. 42)*.

fotoVoyager/iStock

Quartier de Nyhavn, terrasses ensoleillées sur les quais.

JOUR 2

▶ *Matin*

Visitez les collections vikings du **Musée national★★★** *(p. 33)*. Traversez à pied (ou à vélo) le château de Christiansborg, jusqu'à la **Bibliothèque royale★** et son extension moderne (le Diamant noir, *p. 32*). Remontez jusqu'à la **Bourse★** pour traverser le pont Knippelsbro *(p. 32)*. Déjeunez sur les quais de **Christianshavn** ou, pour les plus curieux, dans la « ville libre » de **Christiania★** *(p. 55)*.

▶ *Après-midi*

Repassez sur l'autre rive pour la visite de la **Glyptothèque Ny Carlsberg★★★** *(p. 38)* puis promenade dans les jardins de **Tivoli★** en saison *(p. 40)* ou le **musée Thorvaldsen★★**, pour ceux qui préfèrent la statuaire néoclassique aux montagnes russes *(p. 29)*.

▶ *Soirée*

Rejoignez le quartier de **Vesterbro** (*via* Istedgade) pour dîner dans l'ancien quartier des Bouchers *(Meatpacking District)*, l'un des plus branchés de la capitale *(p. 61)*.

JOUR 3

▶ *Matin*

Visitez le « Louvre danois », autrement dit le **musée national des Beaux-Arts★★★** *(p. 50)*. En sortant, traversez le **Jardin botanique★** *(p. 52)* jusqu'à Nørrebrogade, qui mène dans le quartier branché de **Nørrebro★** *(p. 58)*. Déjeunez dans l'un des nombreux cafés-restaurants du quartier. C'est aussi un bon spot shopping.

▶ *Après-midi*

À Nørrebro, visitez le **cimetière de l'Assistance★** où reposent Andersen et Kierkegaard *(p. 58)*. Puis rejoignez le **parc de Frederiksberg** *(p. 62)*, qui abrite le **zoo** et sa nef aux éléphants. Bien qu'un peu excentrée, la **brasserie Carlsberg★** *(p. 63)* n'est plus très loin.

▶ *Soirée*

Un concert à l'**Opéra★★** *(p. 57)*, et, aux beaux jours, un dîner *street food* quai de l'Atlantique nord *(p. 56)*, où vous pourrez vous installer dehors, avec vue sur le port.

Jour 4, aux alentours

S'il vous reste du temps, n'hésitez pas à enfourcher un vélo pour explorer les quartiers en pleine réhabilitation de Refshaleøen à Islands Brygge, ou à mettre le cap sur la région du Sjælland, riche en sites extraordinaires. À commencer par ***Louisiana★★★****, l'un des musées d'Art moderne les plus célèbres au monde, tant par ses collections que par son site, un parc ouvert sur la mer Baltique (p. 67). Autre lieu hors du commun, le musée des Bateaux vikings de* ***Roskilde★★★****, l'occasion de découvrir la ville du même nom et son fjord (p. 68-70). Un peu plus loin, à Elseneur, se dresse l'imposant château de* ***Kronborg★★★****, l'un des symboles du Danemark, connu pour avoir été mis en scène par Shakespeare dans « Hamlet » (p. 74). Tous ces sites sont aisément accessibles grâce aux S-Tog ou aux trains régionaux, faciles à prendre depuis la gare centrale.*

Copenhague à vélo

Les deux itinéraires proposés sont tracés en vert sur le plan détachable (à l'intérieur de la couverture).

Quelques règles à connaître

Copenhague est sans nul doute l'une des capitales les plus agréables à parcourir à vélo *(voir aussi p. 121)*.
Cela dit, veillez à respecter le code de la route cycliste :

- n'empruntez pas les sens interdits, descendez de vélo dans les rues piétonnes et les parcs du centre-ville ;
- aux intersections, restez toujours à droite ; si vous devez tourner à gauche, avancez de l'autre côté du croisement et attendez le feu vert pour traverser (cela semble compliqué, mais observez les autres cyclistes, vous comprendrez vite) ;
- utilisez vos mains : bras tendu à gauche ou à droite pour signaler un changement de direction, main levée pour prévenir que vous vous arrêtez ;
- cadenassez votre vélo après l'avoir garé. Les vélos de location sont en général équipés d'un antivol intégré. Sinon demandez-en un ;
- pour rouler de nuit, demandez au loueur de vous fournir deux lampes à Led, une blanche pour le guidon, une rouge pour l'arrière ;
- le port du casque est souhaitable, mais non obligatoire.

Adresses de location de vélos p. 121.

COPENHAGUE CLASSIQUE

Réalisable en 2h30 sans forcer sur les pédales (et hors arrêts dans les musées), cette boucle d'environ 10 km permet de découvrir les grands classiques de la capitale danoise, palais royaux et Petite Sirène inclus.

Le centre historique

C'est paradoxalement pied à terre que nous vous faisons démarrer le parcours, sur la place de l'Hôtel-de-Ville (**Rådhuspladsen**). Celle-ci est piétonne, l'occasion de rappeler une règle essentielle du savoir-vivre cycliste à Copenhague : on marche à côté de son vélo dans tous les espaces piétons. Commencez d'ailleurs par pousser votre engin dans Frederiksberggade : c'est le début de **Strøget**, la fameuse rue commerçante piétonne qui traverse le cœur historique. Arrivée à **Gammeltorv** (Ancienne Place, à votre gauche) et **Nytorv** (Nouvelle Place, à votre droite). Et puis, en selle ! Longez Nytorv sur votre droite, puis continuez tout droit sur **Rådhusstræde**. À gauche, voici **Magstræde** et **Snaregade**, deux des plus anciennes rues de Copenhague, comme les pavés le rappellent d'ailleurs à vos fessiers ! Dans **Magstræde**, les maisons n°s 17-19 et 20 sont parmi les rares de la capitale à dater du 17e s., avant l'incendie de 1728. Par la rue Nybrogade, vous longez le **Slotsholmskanalen** (canal Slotsholm) qui borde le **château**

de Christiansborg, siège du pouvoir danois. En traversant le Marmorbrœn (pont de Marbre), on arrive sur la cour arrière du château, avec le manège où l'on entraîne les chevaux des carrosses royaux. Mettez pied à terre pour passer sous la tour du château, où un belvédère offre un beau panorama. Vous ressortez devant la **statue de Frédéric VII** (1808-1863), le souverain qui choisit de transformer le Danemark en monarchie constitutionnelle. Jetez un coup d'œil, à droite, sur la flèche de la **Bourse** (Børsen), reconnaissable aux queues de dragons qui s'y enroulent. Faites fi des travaux d'extension du métro qui défigurent le quai **Gammel Strand** jusqu'à la mise en service en 2019, et rejoignez Højbro Plads. Au milieu du rond-point trône la **statue d'Absalon**, évêque qui fonda Copenhague au 12e s. Prenez à droite Store Kirkestræde et passez devant **l'église Saint-Nicolas**, aujourd'hui transformée en centre d'art contemporain.

▶ ***Le cœur aristocratique***

Continuez tout droit jusqu'à **Kongens Nytorv**, qui marque l'entrée dans la Copenhague aristocratique. Les belles perspectives de la place sont là aussi encombrés par les travaux du métro. La circulation y est souvent dense, mais, heureusement, la piste cyclable est bien isolée du flot automobile et permet de s'en extirper sans trop de difficulté. Vous reconnaîtrez sans

M. Krakowiak/Photolibrary / Getty Images

Piste cyclable passant devant la Bourse (Børsen).

peine, à droite, **Nyhavn** (Nouveau Port), qui figure sur bien des cartes postales avec son canal ourlé de voiliers, ses jolis immeubles colorés et sa cohorte de bars-restaurants toujours animés. La circulation à vélo y est interdite. Il faudra marcher à côté de votre engin ou pédaler en face, sur le quai sud, ce qui offre d'ailleurs une plus jolie vue.

▶ Au bout de Nyhavn, tournez à gauche dans Kvæsthusgade, le long de la **Skuespilhuset** (maison des Spectacles). Le long de Larsens Plads, d'où vous apercevez déjà le port industriel, rejoignez à gauche Amaliehaven (jardin d'Amélie) puis la grandiloquente place du **palais d'Amalienborg** – encore des pavés ! – bordée de quatre palais identiques, la résidence de la famille royale. Toques en poil d'ours noir et uniforme bleu outremer, la garde royale veille.

Prenez le temps d'admirer la perspective sur le dôme de **Marmorkirken** (église de marbre) avant de tourner à droite sur **Bredsgade**. La circulation est dense mais la piste cyclable, sur la droite, vous en protège. Passez devant le **musée du Design**, au n° 68, avant de tourner à droite sur Esplanaden, la vaste avenue qui borde le parc Churchill.

▶ ***Le grand port et la Petite Sirène***

Comme il est d'usage à Copenhague, pensez bien à mettre le pied à terre

Joesboy/iStock

Dans le Jardin royal (Kongens Haven).

pour traverser la large avenue par la gauche (en poussant le vélo sur le passage piéton), et veillez à suivre la **piste cyclable aménagée** sur Ved Kongeporten. Attention : la promenade qui longe l'eau est réservée aux piétons, la piste cyclable est parallèle, un peu en retrait. Elle mène jusqu'à la statue de la **Petite Sirène**. Photo souvenir de rigueur effectuée, poursuivez le long de Langelinie, jusqu'au pont, sur la gauche, qui garde l'entrée de la **Citadelle** (Kastellet). Mieux vaut mettre pied à terre pour traverser ce bel ensemble de casernes construit en étoile : les pavés sont redoutablement inégaux ! Prenez à droite sur Esplanaden puis Gernersgade, tournez ensuite de nouveau à droite dans Borgergade et à gauche dans **Suensonsgade** : vous bravez certes encore les pavés, mais c'est pour profiter de **Nyboder** dont les maisonnettes jaune safran furent bâties sur ordre de Christian IV pour loger les marins au 18e s.

▶ ***Le Quartier latin à la danoise***

À gauche, vous retrouvez bientôt la Copenhague royale en descendant **Kronprinsessegade**. Arrivé au croisement avec Sølvgade, tournez à droite, le long du **Kongens Have** (Jardin royal). Une entrée se trouve un peu plus loin sur la gauche, au croisement avec Østergade, face au **musée national des Beaux-Arts**. Mettez pied à terre pour traverser le parc, interdit aux cyclistes, comme tous les espaces verts du centre de Copenhague. À droite, belles vues sur le **château de Rosenborg**, résidence royale du 17e s. qui abrite notamment les joyaux de la Couronne danoise.

Empruntez la sortie située au croisement de Kronprinsessegade et Dronningens Tværgade, au niveau de la **collection David**, l'un des plus riches musées d'art islamique d'Europe du Nord. Tournez à droite dans Gothersgade, puis, arrivé devant la **maison du Cinéma**, tournez à gauche dans Landemærket. Vous passez devant la **Rundetårn** (Tour ronde), qui offre un beau panorama sur la ville depuis son sommet. Vous êtes maintenant dans le quartier étudiant, surnommé **Quartier latin** en référence à son homologue parisien, bien qu'il soit beaucoup plus petit. Les rues Krystalgade puis Nørregade, à gauche, vous mènent jusqu'à la **Vor Frue Kirke** (cathédrale Notre-Dame). Le circuit s'achève sur **Studiestræde**, bordée de cafés sympas où s'offrir une pause méritée avant de revenir au point de départ, devant l'hôtel de ville.

COPENHAGUE BOHÈME, DE TORVEHALLERNE À NØRREBRO

Réalisable en 1h30 sans forcer (et sans compter les arrêts dans les nombreux cafés, l'une des particularités bien tentantes du quartier), cette boucle d'environ 5 km permet de découvrir les lacs artificiels au nord-est du centre-ville, ainsi que Nørrebro, le quartier bobo de la capitale réputé pour sa douceur de vivre.

Des halles et des lacs

Nous vous proposons de commencer ce parcours par Israels Plads, là où se dresse le marché central de Copenhague, **Torvehallerne** : deux halles s'y font face, un repaire pour gourmands, qui viennent moins y faire leurs courses qu'y manger sur le pouce ou prendre un verre à l'un des multiples étals.

En remontant Ahlefeldtsgade, vous tombez à droite sur la plaisante **Nansensgade**, avec ses charmantes boutiques et ses cafés agréables. Tournez à gauche dans Frederiksborggade pour emprunter le **pont Dronning Louises** (1887). Largement réservé aux cyclistes et aux piétons, celui-ci est devenu un lieu de farniente apprécié l'été pour ses nombreux bancs. Prenez ensuite la piste cyclable, à droite. Elle longe **Sortedam Dossering** et l'un des cinq lacs artificiels de Copenhague, des bassins creusés au 16ᵉ s. pour stocker l'eau potable. Une vue agréable, des cygnes, des cafés, des terrasses, peu de circulation, des pédalos en été : ces lacs ont perdu leur usage initial, mais ils constituent l'une des promenades préférées des Copenhagois.

Un quartier bohème

Tournez ensuite deux fois à gauche pour rejoindre les parallèles, **Ryesgade** et **Ravnsborgade**. Les boutiques vintage, les cafés un peu destroy et les magasins de créateurs en témoignent : vous voici dans l'un des cœurs bohèmes de la capitale, l'ancien fief ouvrier de Nørrebro, aujourd'hui un quartier plein de dynamisme. Ravnsborgade débouche sur Nørrebrogade, que vous prendrez à droite. Un peu plus haut, sur la gauche, il vous faudra mettre pied à terre, pour remonter la rue piétonne **Blågårdsgade** : cet axe perpendiculaire à Nørrebrogade est l'une des « rues de la soif » de Copenhague, qui s'anime surtout à la nuit tombée. Par **Korsgade** (à droite) puis **Stengade** (encore à droite), vous voilà de retour sur Nørrebrogade, l'épine dorsale du quartier, très animé. Plus calmes, **Elmegade** (en face) et les rues alentour sont emblématiques de l'art de vivre du quartier de Nørrebro, avec bars, restaurants, boutiques mode et déco, créateurs… L'atmosphère est encore plus agréable l'été, quand les terrasses envahissent les trottoirs. Faites un petit tour via **Guldbergsgade** pour revenir sur Nørrebrogade. Passante, cette artère n'en reste pas moins plaisante à vélo, grâce à sa piste cyclable en site propre. Cela dit, il sera bientôt temps de tourner à gauche vers **Kapelvej** où il faudra descendre de selle pour traverser l'artère sur le passage piéton.

Kapelvej longe le **cimetière de l'Assistance** (Assistens Kirkegård), dont l'une des entrées principales se trouve un peu plus loin, au niveau des nᵒˢ 17-19. L'allée, une des deux seules autorisées aux vélos dans le cimetière, débouche directement sur **Jægerborggade**. Cette rue branchée étant en sens unique, il vous faudra la remonter à pied pour profiter de ses attraits : chocolaterie, restaurant étoilé, galerie, magasin de cactus, épicerie bio, boutique de tennis-café, concept-store équitable, etc.

B. Gardel/hemis.fr

Cyclistes dans le quartier de Nørrebro.

▶ *Vél'autoroute*

Arrivé au bout de Jægerborggade, vous pourrez remonter en selle pour prendre à gauche Stefansgade. Au milieu de la coulée verte qui longe Hørsholmsgade, prenez **Den Grønne Sti** (« Le Chemin Vert »), que vous suivez en tournant sur la droite. Longue de 8 km, cette piste cyclable est une sorte « d'autoroute pour vélos » qui relie la rue Lyngbyvej (nord) au quartier de Valby (sud) en passant par celui de Frederiksberg. Surtout empruntée par ceux qui se rendent au travail, cette voie se révèle agréable pour la promenade. Mais il faut rester prudent car elle est aussi autorisée aux piétons. Suivez-la sur environ 1 km avant de franchir un pont au-dessus du très passant Åboulevard. Tournez ensuite à gauche dans Rosenørns Alle. À la hauteur de la station de métro Forum, jetez un œil au **Musée danois de la musique** sur votre gauche avant de poursuivre jusqu'aux **lacs artificiels**. En vue du pavillon blanc avec ses tours façon minarets (construit à la fin du 19e s. pour une société de patinage qui gérait les lacs l'hiver), il vous faudra traverser l'Åboulevard pour rejoindre la piste cyclable aménagée au bord du lac. Celle-ci finit le circuit en beauté, le long de l'agréable **Peblinge Dossering**, vous ramenant au pont Dronning Louises.

DET KGL BIBLIOTEK

Visiter Copenhague

Le Diamant Noir (Bibliothèque royale) par les architectes Schmit, Hammer et Lassen.

D. Hyniewska/age fotostock

Copenhague aujourd'hui

Quelle bonne surprise ! Comment la capitale d'un petit pays (5,7 millions d'habitants) posé aux confins d'une péninsule du nord de l'Europe peut-elle jouir d'une telle renommée ? Voilà encore quelques années, soyons honnêtes, on n'en connaissait au mieux que quelques clichés : les Vikings, les Lego, le vélo, la reine...

Effervescence paisible

Les journaux du monde entier se font aujourd'hui l'écho des dernières tendances nées au royaume du Danemark : l'influence retrouvée du design et de ses maîtres, souvent copiés, jamais égalés ; l'avènement d'une gastronomie moderne, emmenée par une nouvelle génération de chefs proches de leur terroir ; et puis, bien sûr, le succès mondial des séries télévisées *made in* Copenhague, *Borgen* en tête.

C'est certain, le royaume du Danemark a le vent en poupe. Et sa capitale en est la meilleure vitrine. Du point de vue du visiteur pressé, voilà aussi une destination de week-end idéale, avec son aéroport international à 15mn du centre-ville, son système de transports bien huilé, qui permet de ricocher d'un site à l'autre, ses innombrables musées, la renaissance de quartiers entiers, ses expérimentations architecturales, ses restaurants qui marient le terroir et l'avant-garde et, enfin, sa kyrielle de boutiques qui explorent sans complexe l'air du temps...

Même un court séjour sera marqué par cette vitalité. Voilà qui pourrait laisser imaginer une ville en perpétuelle ébullition, remuante, voire fatigante, d'autant que Copenhague, avec près de 2 millions d'habitants, est la plus vaste agglomération d'Europe du Nord.

À l'arrivée, nouvelle surprise ! Calme et paisible, bien organisée autour de sa vieille ville reliée aux quartiers périphériques, la capitale danoise a su garder taille humaine. S'y promener reste un plaisir. Les avenues sont vastes, le cœur historique léché, les principaux points d'intérêt aisément accessibles à pied ou à vélo, ce dernier moyen de transport utilisé par un habitant sur trois.

Bouffée d'oxygène

La circulation et les embouteillages n'ont pas disparu mais la ville respire, grâce à ses pistes cyclables et ses espaces verts. Moderne et spacieuse, Copenhague a pris son aspect actuel au milieu du 19e s., après la destruction des fortifications, remplacées par des lacs artificiels et des jardins, une aubaine pour les promeneurs et les joggers. Située à quelques stations de métro des plages de l'île d'Amager, Copenhague est une ville sportive : on croise même des kayakistes sur les quelques canaux préservés par l'urbanisme, qui a souvent construit sur l'eau quand la démographie appelait la création de nouveaux quartiers.

Pionnière des transports doux, Copenhague fut l'une des premières villes d'Europe, dans les années 1960, à aménager une partie de sa vieille ville en quartier piétonnier. C'est là, le long de l'artère Strøget, inaugurée en 1962, que se trouve toujours son cœur commerçant, comme un trait d'union avec sa vocation originelle : née du commerce, Copenhague était au Moyen Âge un petit port de pêcheurs, qui doit son essor aux harengs exportés à travers toute l'Europe.

Ouverture

Aujourd'hui, Copenhague est une capitale tranquille, reposante, pas imbue de son glorieux passé, elle qui a pourtant un jour régné sur toute la péninsule scandinave. Principale porte d'entrée du pays, l'aéroport international de Kastrup est un exemple grandeur nature de ce qui vous attend lors de votre séjour : efficacité, simplicité, civisme. Les Copenhagois sont toujours disposés à vous aider, dans un anglais parfait. Vous pourrez aussi observer les Danois de près et vous demander pourquoi ils caracolent depuis 1973 au palmarès des pays les plus heureux du monde. Ici, pourtant, les hivers sont longs et obscurs, le manque de lumière fait exploser le taux de dépression et le pays a même traversé l'une des pires crises économiques de son histoire. Mais les statistiques sont formelles : les Danois sont heureux. Il faut peut-être aller en chercher les raisons du côté du généreux système social, du niveau de confiance élevé entre les citoyens, de l'égalitarisme de la société... Et d'un certain talent pour éviter de voir les problèmes, glissent les mauvaises langues.

D'autres affirment que les Danois préfèrent simplement se concentrer sur ce qui va bien, et ils ont de quoi faire, notamment à Copenhague.

La construction de la liaison fixe trans-Øresund entre Malmö et l'île d'Amager, sur laquelle se trouve l'aéroport international, a placé la capitale danoise au centre d'une des régions les plus prospères d'Europe. La ville double la capacité de son aéroport international, met en place un métro automatisé d'ici à 2019 et prévoit même de construire à l'ouest d'Amager, au cours des trente prochaines années, une nouvelle ville baptisée Ørestad. Optimiste, assurément !

Copenhague, par quartiers

*L'**île du Château** et le **centre historique** regroupent les principaux musées de Copenhague, mais offrent aussi des options variées de sorties, du Quartier latin à Tivoli. Plus aérés, **Christianshavn**, les alentours du château de Rosenborg et la **ville du 18e s.** permettent de se mettre au vert, dans un parc ou au bord de l'eau. Les quartiers de **Nørrebro** et **Vesterbro** voient quant à eux la population jeune et branchée se retrouver le soir, entre boutiques de créateurs, restaurants et bars. Pour plus d'excentricité, cap vers la libertaire **Christiania** et les anciennes zones industrielles de Holmen et Refshaleøen, en plein renouveau, ou l'île d'Amager pour un bain de mer.*

Le centre historique★★

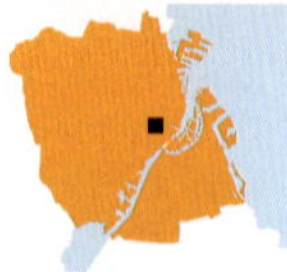

Rien de mieux, pour ressentir l'atmosphère de Copenhague, qu'une longue promenade dans le centre historique, cœur battant de la ville depuis le Moyen Âge. Le quartier se découvre à pied, le long de ruelles piétonnes et commerçantes, à commencer par la plus connue et la plus longue, Strøget, qui court de Rådhuspladsen (place de l'Hôtel-de-Ville) à Kongens Nytorv (Nouvelle Place Royale). Tout proche, le Quartier latin ajoute à la belle vivacité du cœur de Copenhague.

▶**Accès :** Ⓜ Kongens Nytorv ou Nørreport ; Ⓢ København H ou Nørreport.
Plan de quartier p. 24-25. Plan détachable D-E 4-5.
▶**Conseil :** Le dimanche, la plupart des magasins sont fermés.
« Nos adresses » p. 82, 92, 97, 106 et 108.

STRØGET

E-F5 Animée à toute heure du jour et de la nuit, cette **longue artère piétonne** est le cœur battant de la capitale. Ne cherchez pas son nom sur un plan : Strøget (la « flânerie » en danois, prononcez « stroyeul ») est en fait constituée d'**une succession de rues et de places**. Chaque ville possède la sienne. Copenhague, capitale oblige, possède la plus longue du pays (les Danois pensent même que c'est la plus longue d'Europe). Sur 1100 m, elle permet de traverser le vieux Copenhague, tout en faisant du lèche-vitrine, de Rådhuspladsen (place de l'Hôtel-de-Ville, voir p. 35) à Kongens Nytorv (Nouvelle Place Royale, voir p. 41). Les rez-de-chaussée des bâtiments historiques – et de nombreux sous-sols, aussi, une particularité scandinave – sont occupés par une succession de boutiques, cafés, restaurants, glaciers...

GAMMELTORV ET NYTORV

(Ancienne et Nouvelle Places)

E5 *De Rådhuspladsen, suivre la Frederiksberggade (Strøget).* Ce vaste espace rectangulaire que traverse Strøget est en fait constitué de deux places situées de part et d'autre de la rue : sur votre gauche, **Gammeltorv** (« Ancienne Place »), la plus vieille place de marché de la ville, dont le centre est occupé par la **fontaine Caritas** du 17e s. Sur la droite s'étend **Nytorv** (« Nouvelle Place »), dans un coin de laquelle se cache l'ancien hôtel de ville reconverti aujourd'hui en tribunal. Strøget prend ensuite le nom de Nygade, puis de Vimmelskaftet.

Rådhuspladsen (place de l'Hôtel-de-Ville).

GRÅBRØDRETORV★

(Place des Frères-Gris)

E5 *Dans Vimmelskaftet, suivre à gauche la Klosterstræde, l'une des plus anciennes rues de la ville.* Avec son magnifique platane, cette jolie place pavée du vieux Copenhague dessine une carte postale du charme à la scandinave : sous les façades colorées, les terrasses sont prises d'assaut dès qu'un rayon de soleil pointe son nez. Plusieurs fois détruite (incendie en 1728, bombardement en 1807), la place a été reconstruite aux 18e et 19e s. Même l'inélégante fontaine moderne en granit (1971) ne parvient pas à troubler la belle sérénité de l'ensemble. L'été, nombreux concerts en plein air, notamment lors du Copenhagen Jazz Festival.

AMAGERTORV

(Place Amager)

E5 *Revenir vers Strøget.* Au carrefour avec Købmagergade, Strøget s'élargit pour former cette place, ornée d'une fontaine du 19e s., la **Storkespringvand** (« fontaine aux Cigognes »). Sur la gauche, l'**église du Saint-Esprit** (Helligåndskirke) est bâtie au milieu d'un paisible jardin offrant un contraste frappant avec l'animation de la rue. L'ensemble faisait partie d'un monastère médiéval maintenant disparu et l'église fut reconstruite après l'incendie de 1728.

Maison du Saint-Esprit (Helligåndshuset) – *Au coin de Klostergade - ouvert lors de ventes de charité ou d'expositions.* Cet ancien hospice édifié en 1296, seul édifice médiéval encore intact de la capitale, possède une belle salle voûtée.

Après l'église, vous découvrirez un ensemble de demeures de brique aux façades à pignon, édifiées au 17e s. et abritant aujourd'hui le magasin de la fabrique royale de porcelaine, Royal Copenhagen (*voir « Nos adresses » p. 100*).

Højbro Plads (« Place du Haut-Pont ») – *Sur la droite.* Centre historique de la cité, cette place animée par plusieurs terrasses

Métro, boulot, travaux

Deux nouvelles lignes de métro sont en cours de construction à Copenhague, les M3 et M4. D'ici à 2019, ce projet titanesque doit aboutir à la création de 17 nouvelles stations, qui s'ajouteront aux 22 existantes. Depuis le début des travaux en 2010, le projet a fait couler beaucoup d'encre, de nombreux habitants craignant les désordres qu'un chantier de cette ampleur ne manquerait pas de provoquer. Effectivement, le projet défigure aujourd'hui une partie du centre-ville. De larges palissades gâchent les perspectives autour de Kongens Nytorv, de l'hôtel de ville et de Gammel Strand. Cela dit, les nouvelles lignes devraient améliorer les transports non seulement dans le centre-ville, mais aussi avec certains quartiers périphériques, tels Frederiksberg ou Nørrebro. Elles connecteront le métro à la gare centrale (København H) et aux trains de banlieue, ce qui n'était pas le cas jusqu'alors. Patience!

sert d'écrin à la statue équestre de l'évêque **Absalon** qui semble toujours veiller sur sa forteresse *(voir p. 128)*.

Gammel Strand – Avec ses belles maisons des 18e et 19e s., ce quai préservé possède un charme fou, malheureusement défiguré, comme beaucoup d'autres endroits, par le chantier du métro *(voir encadré ci-contre)* dont l'achèvement est prévu en 2019.

KØBMAGERGADE

E4-5 *Revenir vers Strøget.* Tout aussi vivante que Strøget et bordée de magasins, cette large rue piétonne s'engage vers le cœur du quartier universitaire.

Rundetårn★ (Tour ronde) – *Købmagergade 52A - ✆ 33 73 03 73 - www.rundetaarn.dk - 1er mai-30 sept. : 10h-20h ; 1er oct.-30 avr. : 10h-18h ; mar.-merc. 10h-21h - fermé 1er janv. et 24-25 déc. - 25 DKK (5-15 ans 5 DKK).* Haute de 35 m, cette tour, à laquelle Andersen fait allusion dans *Le Briquet*, fut construite en 1642 sur l'ordre de Christian IV pour servir d'observatoire. Une rampe en spirale inégalement pavée et un escalier *(31 marches)* permettent d'accéder au sommet. Le tsar Pierre le Grand, si l'on en croit la légende, l'escalada à cheval lors de sa visite en 1716, suivi de la tsarine dans un carrosse tiré par six chevaux. On y découvre une **vue panoramique**★★ sur la ville avec sa forêt de flèches.

Église de la Trinité (Trinitatis Kirke) – *Pilestræde 67 - ✆ 33 37 65 40 - www.trinitatiskirke.dk - 9h30-16h30 (dim. à partir de 10h30 pour la messe).* Conçu par Christian IV comme lieu de culte universitaire, l'édifice fut achevé par son successeur en 1656. À l'intérieur *(accès par Landemærket)*, on peut voir un retable sculpté et un buffet d'orgues baroque, ainsi qu'une horloge rococo.

QUARTIER LATIN★

(Latinerkvarteret)

E4-5 Très animé par sa population d'étudiants, qui lui vaut aussi son surnom, le Quartier latin de Copenhague est de dimension bien plus modeste que son homologue parisien. Délimité au sud par Strøget et au nord par Gothersgade, large avenue séparant Rosenborg et la « ville neuve » du vieux Copenhague, le quartier est en grande partie piétonnier. Pleines de charme, ses rues étroites sont bordées de librairies, de cafés et de restaurants bon marché, de magasins de fripes et de boutiques de créateurs, occupant souvent le sous-sol des maisons du 18e s. alignées en rangs serrés.

Prendre l'étroite Store Kanikestræde sur la gauche des arcades de brique qui font face à la Tour ronde et poursuivre jusqu'à la place Notre-Dame (Vor Frue Plads).

Place Notre-Dame (Vor Frue Plads) – C'est ici que s'élève l'**église Notre-Dame** (Vor Frue Kirke), cathédrale néoclassique construite en 1829 sur les plans de Christian Frederik Hansen. C'est la troisième à occuper ce site : l'édifice gothique d'origine fut

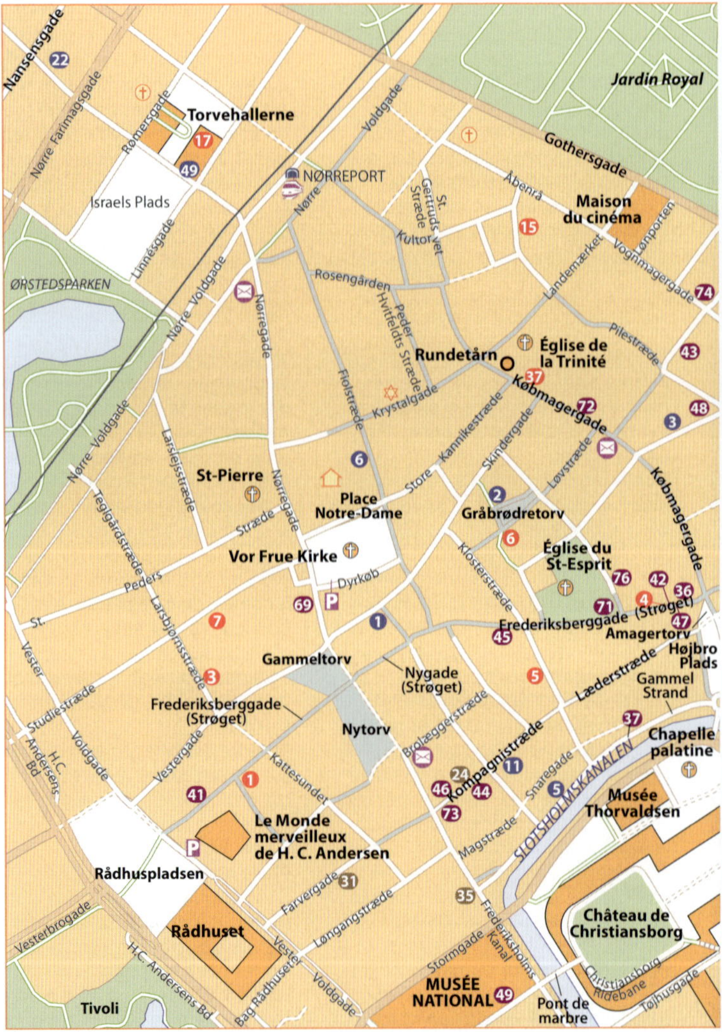

Nansensgade
22
Nørre Farimagsgade
Rømersgade
Torvehallerne
17
49
Israels Plads
Linnésgade
ØRSTEDSPARKEN
Nørre Voldgade
NØRREPORT
Nørre
Voldgade
Jardin Royal
Gothersgade
Åbenrå
Maison du cinéma
Hauser Plads
St. Gertruds Stræde
Kultorvet
15
Landemærket
Vognmagergade
Lønporten
74
Rosengården
Peder Hvitfeldts Stræde
Nørregade
Pilestræde
43
Rundetårn
Église de la Trinité
37
Købmagergade
72
48
3
Fiolstræde
Krystalgade
Kannikestræde
Skindergade
Larslejsstræde
Nørre Voldgade
6
St-Pierre
Place Notre-Dame
Store
2
Gråbrødretorv
Løvstræde
Købmagergade
Teglgårdstræde
Nørregade
Stræde
Vor Frue Kirke
Dyrkøb
6
Klosterstræde
Église du St-Esprit
76
42
36
4
71
47
Frederiksberggade (Strøget)
Amagertorv
Pederse
Larsbjørnsstræde
7
69
P
1
45
Højbro Plads
St.
Vester
Gammeltorv
Nygade (Strøget)
5
Læderstræde
Gammel Strand
3
Studiestræde
Frederiksberggade (Strøget)
Nytorv
Brolæggerstræde
37
Chapelle palatine
Kompagnistræde
H.C. Andersens Bd
Voldgade
Vestergade
Kattesundet
24
11
SLOTSHOLMSKANALEN
1
46
44
Snaregade
5
41
73
Musée Thorvaldsen
Le Monde merveilleux de H. C. Andersen
P
Magstræde
Rådhuspladsen
Farvergade
31
35
Frederiksholms Kanal
Løngangstræde
Château de Christiansborg
Vesterbrogade
Rådhuset
Vester Voldgade
Stormgade
Christiansborg Ridebane
H.C. Andersens Bd
Bag Rådhuset
MUSÉE NATIONAL
49
Tøjhusgade
Tivoli
Pont de marbre

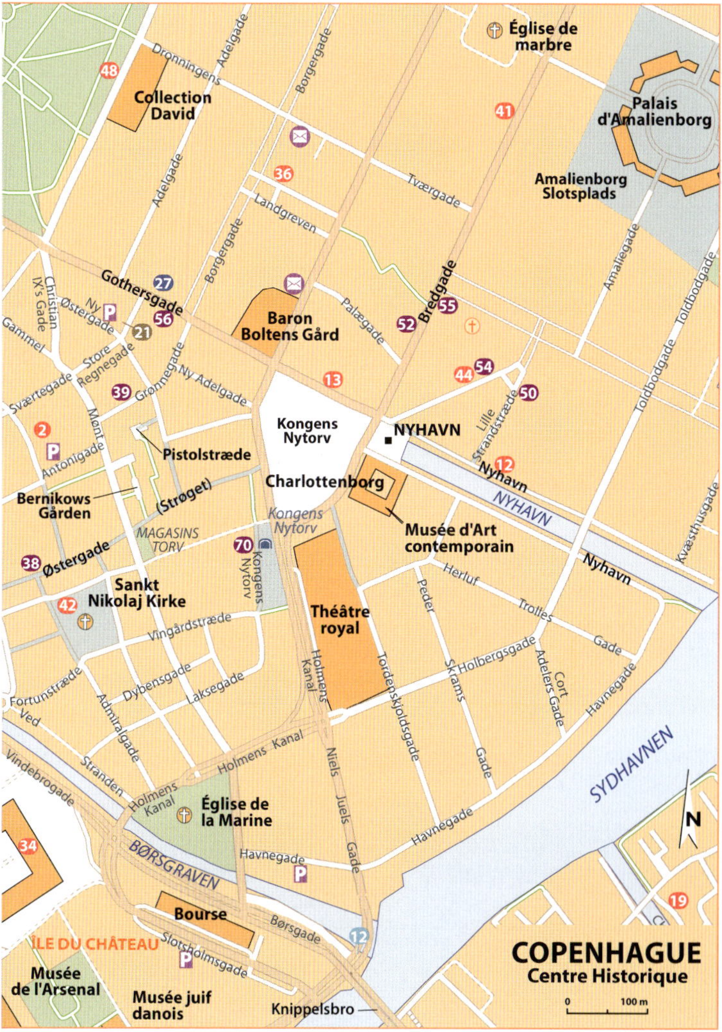

COPENHAGUE
Centre Historique
0 100 m
N
Église de marbre
Palais d'Amalienborg
Amalienborg Slotsplads
Collection David
Baron Boltens Gård
Kongens Nytorv
NYHAVN
Pistolstræde
Charlottenborg
Bernikows Gården
Musée d'Art contemporain
MAGASINS TORV
Sankt Nikolaj Kirke
Théâtre royal
Église de la Marine
Bourse
ÎLE DU CHÂTEAU
Musée de l'Arsenal
Musée juif danois
Knippelsbro
SYDHAVNEN
BØRSGRAVEN
Dronningens
Adelgade
Borgergade
Tværgade
Landgreven
Bredgade
Palægade
Gothersgade
Ny Østergade
Christian IX's Gade
Gammel
Store Regnegade
Grønnegade
Ny Adelgade
Sværtegade
Møntergade
Antonigade
(Strøget)
Østergade
Vingårdstræde
Dybensgade
Laksegade
Fortunstræde
Admiralgade
Ved Stranden
Vindebrogade
Holmens Kanal
Niels Juels Gade
Havnegade
Børsgade
Slotsholmsgade
Tordenskjoldsgade
Herluf Trolles Gade
Peder Skrams Gade
Holbergsgade
Cort Adelers Gade
Lille Strandstræde
Nyhavn
Amaliegade
Toldbodgade
Kvæsthusgade

SE RESTAURER
- Cap Horn ... 12
- Clou ... 36
- DØP ... 37
- Geist ... 13
- Husmanns Vinstue ... 3
- Kanalen ... 19
- Krebsegaarden ... 7
- Lagkagehuset Strøget ... 1
- Maven ... 42
- Mormors ... 41
- Orangeriet ... 48
- Peder Oxe ... 6
- Royal Smushi Cafe ... 4
- Schønnemann ... 15
- The Union Kitchen ... 44
- Tight ... 5
- Torvehallerne ... 17
- Tårnet ... 34
- 42° Raw ... 2

PRENDRE UN VERRE
- A.C. Perch's Thehandel ... 3
- Atelier September ... 27
- Bistro Huks Fluks ... 2
- Coffee Collective ... 49
- Conditori La Glace ... 1
- Kalaset ... 22
- Paludan Bogcafé ... 6
- Ruby ... 5
- Thomas Sandwiches ... 11

SHOPPING
- Alida Marstrand ... 55
- Bitte Kai Rand ... 50
- Boutique du Musée national ... 49
- Butik for Borddækning ... 43
- Carl Hansen and Søn ... 52
- Dansk Håndværk ... 46
- Geismars Væverier ... 54
- Georg Jensen ... 47
- Gubi Store ... 74
- Hay House ... 38
- Illums Bolighus ... 36
- Kortkartellet ... 76
- Lego Store ... 45
- Lot #29 ... 56
- Louis Poulsen ... 37
- Magasin ... 70
- Notre-Dame ... 69
- Paper Collective ... 73
- Randers Handsker ... 41
- Royal Copenhagen ... 42
- Samsøe & Samsøe ... 72
- Stilleben ... 71
- Summerbird Chocolaterie ... 48
- Tortus ... 44
- Wood Wood ... 39

SORTIR
- Drop In ... 24
- Jazzhus Montmartre ... 21
- Mojo Blues Bar ... 31
- Zefside ... 35

ACTIVITÉ
- Kayak Republic ... 12

détruit lors de l'incendie de 1728 et la deuxième cathédrale sévèrement endommagée par les obus anglais en 1807. L'intérieur est orné de sculptures de Bertel Thorvaldsen *(voir p. 136)*. Précédés par les bustes d'éminents universitaires, les pompeux bâtiments de l'**université** occupent le côté droit de la place sur laquelle donne la façade du bâtiment principal, construit en même temps que la cathédrale. Le bâtiment réservé aux étudiants, situé le long de Nørregade, fut édifié un siècle plus tôt. Il abrite aujourd'hui la faculté de droit.
Sur le côté opposé de Nørregade, au coin de Sankt Peders Stræde, se dresse l'**église Saint-Pierre** (Sankt Petri Kirke), austère église également incendiée et bombardée, ce qui ne l'a pas empêchée de conserver son haut clocher du 16ᵉ s.

ØSTERGADE

F5 Il s'agit de la dernière partie de Strøget, là où se concentrent les grands magasins. Au n° 52 se dresse notamment le célèbre **Illum**, une Samaritaine à la danoise, fondée en 1891. Au dernier étage, vous y trouverez plusieurs restaurants et des cafés avec terrasses.
Juste en face, sur la droite, une ruelle conduit à une petite place.
Sankt Nikolaj Kirke (église Saint-Nicolas) – *✆ 33 18 17 80 - www.nikolajkunsthal.dk - tlj sf lun., mar.-vend. 12h-18h, sam.-dim. 11h-17h. - possibilité de visite guidée en anglais sur demande préalable - 70 DKK*

Ambiance du Quartier latin.
P. E. Forsberg/age fotostock

FLYVE
FISKEN
ATLAS
BAR

(3-17 ans 30 DKK gratuit merc.). Elle est dotée d'une impressionnante tour carrée du 16e s. soutenue par six arcs-boutants. L'édifice abrite aujourd'hui un centre d'art contemporain réputé pour la qualité de ses expositions temporaires.
Plus loin sur la gauche s'ouvrent quelques passages, enfilades de cours aux maisons rénovées avec goût et aujourd'hui investies par des restaurants, cafés et boutiques de mode haut de gamme : c'est le cas de **Bernikows Gården** et surtout de **Pistolstræde** à laquelle on accède par un porche au n° 24.

STRÆDET

E5 *Revenir à pied vers l'hôtel de ville,* via *Læderstræde et Kompagnistræde.*
Moins célèbre que Strøget, sa petite sœur Strædet est tout aussi commerçante, avec un cachet plus authentique. Composée de deux rues en enfilade, **Kompagnistræde** et **Læderstræde**, elle traverse elle aussi le centre historique, en déroulant des boutiques de créateurs, des petits cafés et des galeries d'art. Attention, l'artère est semi-piétonne, Méfiez-vous des voitures et encore plus des vélos.

M. Jerichau/www.copenhagenmediacenter.com

Gråbrødretorv (Place des Frères-Gris).

Île du château★★

(Slotsholmen)

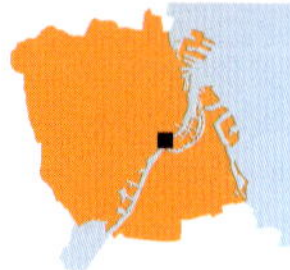

Ceux qui ont suivi la série télévisée danoise « Borgen » reconnaîtront au premier coup d'œil le château de Christiansborg – siège du pouvoir exécutif, législatif et judiciaire – qui donne son nom au quartier. Bâti sur les fondations de la cité, ce quartier historique abrite aussi les trésors vikings du Musée national. Il illustre également le talent des Danois pour marier l'héritage du passé à l'architecture contemporaine, comme le prouvent le « Diamant noir », extension contemporaine de la Bibliothèque royale, et le tout dernier-né, le « Blox », qui accueille entre autres le Centre d'architecture danoise.

▶**Accès :** Ⓜ Kongens Nytorv ou Nørreport ; Ⓢ København H ou Nørreport.
Plan de quartier p. 24-25. Plan détachable E-F6.
▶**Conseil :** aux beaux jours, faites une pause dans le joli parc situé devant l'entrée du Musée juif danois, un endroit paisible et romantique à souhait, offrant de belles vues sur la façade arrière de la Bibliothèque royale.
« Nos adresses » p. 84, 93, 101 et 106.

MUSÉE THORVALDSEN★★

(Thorvaldsens Museum)

E6 *Bertel Thorvaldsens Plads 2 - ✆ 33 32 15 32 - www.thorvaldsensmuseum.dk - tlj sf lun. 10h-17h - fermé 1er janv., 24-25 et 31 déc. - 70 DKK (merc. et -18 ans gratuit) - possibilité de visite guidée en anglais (se rens.).*

Ce musée fut édifié à la mémoire du sculpteur danois **Bertel Thorvaldsen** (*voir p. 136*). Construit dans un style néoclassique, voire franchement pompéien, il abrite l'importante collection de sculptures de cet artiste prolifique, où l'on reconnaîtra quelques personnalités : Metternich et Napoléon voisinent avec sir Walter Scott... et les douze apôtres. Les tableaux de la collection personnelle de Thorvaldsen forment un intéressant panorama de l'art de son temps.

CHÂTEAU DE CHRISTIANSBORG★

(Christiansborg Slot)

E6 *Prins Jørgens gård 1 - ✆ 33 13 44 11 - www.kongeligeslotte.dk - horaires et tarifs de chacun des sites du château ci-après - billet combiné pour les salons royaux, les écuries et les ruines du château 150 DKK (-18 ans gratuit), valable 1 an.*

Ce site entouré de canaux est le siège du pouvoir danois depuis le 12e s. C'est ici même qu'Absalon a fondé la cité et le château que vous voyez est le cinquième à s'y dresser depuis 1167. Le premier palais moderne fut édifié au 18e s. en style baroque, mais fut ravagé par un incendie en 1794. Reconstruit en style néoclassique, il fut à nouveau détruit par les flammes moins d'un siècle plus tard. Terminé en 1928, le palais actuel n'a quant à lui jamais servi de résidence royale. Abritant de nos jours le Parlement, les bureaux du Premier ministre, la Cour suprême et les salons royaux de réception *(voir ci-dessous)*, il est le siège du pouvoir danois, tout en englobant plusieurs musées et un belvévère panoramique gratuit. Prévoyez une demi-journée pour la visite des différents sites.

Salons royaux de réception★★ – *Entrée par l'aile ouest - 10h-17h - fermé lun. en oct.-avr. et pour les réceptions officielles - 90 DKK (-18 ans gratuit) - visite guidée en anglais tlj à 15h (et 12h en juin-août).* Ne soyez pas surpris si vous trouvez porte close : c'est la contrepartie de la visite d'un château en activité, où la reine reçoit ses hôtes de marque. Le reste du temps (c'est-à-dire souvent), on découvre librement l'enfilade de salons. Selon le sens de la visite (variable au cours de l'année), on découvre tour à tour la vaisselle « Flora Danica » (17e s.), si précieuse qu'elle est rarement utilisée (la dernière fois en 1990, pour les 80 ans de la reine mère) ; la bibliothèque et son ascenseur caché ; l'immense table de la salle à manger, fabriquée à partir d'escaliers détruits par l'incendie de 1884. Dans le Grand Hall, onze tapisseries contemporaines réalisées par la manufacture française des Gobelins en 1990 retracent l'histoire du pays à grand renfort de couleurs vives. Dans la salle du trône, remarquez la discrète ligne au sol : les invités la suivaient jadis pour se retirer sans tourner le dos aux souverains.

Cuisines royales★– *Entrée par l'aile ouest - 10h-17h - fermé lun. en oct.-avr. - 50 DKK (-18 ans gratuit) - visite guidée en anglais sam. à 16h.* Une

Une monarchie, oui mais...

L'une des plus vieilles du monde – *Directement hérité de l'époque viking et de la suprématie des chefs de tribus, le régime politique danois a d'abord été une monarchie absolue avant de se transformer progressivement en monarchie constitutionnelle, notamment après la ratification de la Constitution de 1849, toujours en vigueur.*
Au pouvoir depuis 1972 (elle avait 31 ans lors de son couronnement), la reine ***Margrethe II*** *est formellement le chef de l'État. Mais sa position est surtout symbolique. C'est en fait le gouvernement – c'est-à-dire le Premier ministre et ses ministres – qui détient le pouvoir exécutif. Le pouvoir législatif est entre les mains du Folketing (Parlement). Le château de Christiansborg (voir ci-dessus) abrite les pouvoirs exécutif, législatif et judiciaire.*

Une culture de consensus – *La nomination du Premier ministre et la composition de son gouvernement dépendent de la chambre unique du Parlement. Ses 179 membres sont élus à la proportionnelle. Chaque parti qui obtient plus de 2 % des votes est représenté. Les élections ont lieu tous les quatre ans, mais dans la pratique, la plupart des gouvernements appellent les électeurs aux urnes plus tôt, guettant le moment favorable pour être reconduits au pouvoir. Dans un tel système, les gouvernements sont souvent des coalitions multipartites, basées sur la recherche du consensus.*

D. Muscroft/age fotostock

Salon dans le château de Christiansborg.

visite différente à faire au château : ludique, le parcours à travers les cuivres rutilants, les fourneaux rougeoyants et les marmites bouillonnantes recrée l'atmosphère de préparation d'un banquet des années 1930, odeurs comprises !

Ruines – *Entrée par l'aile ouest - 10h-17h - fermé lun. en oct.-avr. - 50 DKK (-18 ans gratuit) - visite guidée en anglais sam. à 12h.* Sous le château actuel, deux salles souterraines abritent notamment les vestiges du château d'Absalon.

Écuries royales – *Entrée par l'aile est, à côté du manège - 13h30-16h - fermé lun. en oct.-avr. - 50 DKK (-18 ans gratuit) - visite guidée en anglais sam. à 14h (incluant l'immense manège couvert dans une autre aile).* Sous les luminaires design s'alignent les boxes en marbre des chevaux royaux, que vous ne verrez pas l'été, puisqu'ils partent respirer le bon air de la campagne. Les carrosses de parade qu'ils tirent le reste du temps, divers harnachements et panoplies anciennes complètent la visite.

Musée du Théâtre – *Entrée à côté des écuries - ☎ 33 11 51 76 - www.teatermuseet.dk - tlj sf lun. 12h-16h - 40 DKK (-18 ans gratuit) - possibilité de visite guidée en anglais (se rens.).* Pour découvrir le théâtre royal aménagé en 1767, mais aussi l'histoire du théâtre au Danemark depuis le 18e s.

Tour★ (Tårnet) - *✆ 33 37 31 00 - https://taarnet.dk - mar.-sam. 11h-21h, dim. 11h-17h30, fermé lun. - gratuit - possibilité de visite guidée en anglais (se rens.).* La tour qui couronne Christiansborg a longtemps été un grenier à statues. En piteux état, elle a dû être rénovée, l'occasion de l'ouvrir à la visite et d'y aménager un belvédère panoramique, pour une vue inédite sur les toits de la capitale danoise. Un conseil : pour éviter de faire la queue trop longtemps, mieux vaut venir avant 12h ou après 16h30. Autre option : réserver une table au restaurant Tårnet installé au sommet *(voir « Nos adresses » p. 84).*

Chapelle palatine – *Entrée par l'aile ouest, à côté du Parlement - juil. et vac. de Toussaint : tlj 10h-17h ; vac. de Pâques : dim. 10h-17h - gratuit.* Vestige du château antérieur, elle date de 1826, mais fut reconstruite par deux fois, notamment après l'incendie qui la ravagea en 1992. Façade à colonnade rigoureusement néoclassique. Intérieur épuré.

Parlement (Folketing) – *Entrée par Vindebrogade - ✆ 33 37 32 21 - www.thedanishparliament.dk - ♿ - visite guidée gratuite en anglais (45mn) ; de déb juil. à mi-sept : lun.-vend. à 12h ; les jeu. et vend. de l'Ascension à 11h et 13h, le dim. de l'Ascension à 13h ; de janv. à juin : certains dim. à 13h (voir le site Internet) - réserv. sur le site Internet ou sur place à partir de 10h.* Les fans de la série *Borgen* *(voir p. 135)* ne manqueront pas cette visite, qui décrypte aussi le système politique danois.

ÉGLISE DE LA MARINE★

(Holmens Kirke)

F5-6 De l'autre côté du canal enjambé par l'Holmens Bro (pont de l'Île), cette église Renaissance abrite un magnifique retable et une belle chaire. C'est ici que fut célébré en 1967 le mariage de la reine Margrethe II avec le Français Henri de Laborde de Monpezat (qui a renoncé à son titre de prince consort en avril 2016).

ANCIENNE BOURSE★

(Børsen)

F6 *Børsgade - www.borsbygningen.dk - pas de visite.*
Construit à partir de 1619 sur les ordres de **Christian IV**, ce remarquable édifice est caractéristique du style de la Renaissance hollandaise. Sa flèche élancée, autour de laquelle s'enroulent les queues de quatre dragons, est un point de repère familier dans le ciel de Copenhague. Le lieu est aujourd'hui utilisé pour des réceptions et événements privés.

BIBLIOTHÈQUE ROYALE★

(Kongelige Bibliotek)

F6 *Christians Brygge 8 - ✆ 33 47 47 47 - www.kb.dk - Diamant noir : lun.-vend. 8h-21h (19h en juil.-août), sam. 9h-19h, fermé dim. - expositions : lun.-vend. 10h-19h, sam. 10h-18h, fermé dim. et j. fériés - entrée libre.*
Les Danois ont surnommé la bibliothèque le **Diamant noir** *(Sorte Diamant)*. Cette annexe de la

bibliothèque royale, fondée en 1653 par le roi Frédéric III et ouverte au public en 1793, se dresse au bord du canal. L'extérieur est en granit noir brillant et en verre. À l'étage sont exposés, dans une mise en scène un peu iconoclaste, quelques-uns des manuscrits précieux de la bibliothèque, de **H. C. Andersen,** de **Søren Kierkegaard** et de **Karen Blixen** *(voir p. 136-137)*, ainsi que des partitions manuscrites du compositeur Carl Nielsen. Au rez-de-chaussée, une boutique offre un grand choix de livres et de disques. Un café propose des snacks et une très belle vue, qu'il partage avec le restaurant gastronomique **Søren K** *(voir « Nos adresses » p. 84)*.

MUSÉE JUIF DANOIS

(Dansk Jødisk Museum)
F6 *Proviantpassagen 6 - ✆ 33 11 22 18 - http://jewmus.dk - ♿ - juin-août : tlj sf lun. 10h-17h ; sept.-mai : mar.-vend. 13h-16h, w.-end 12h-17h - fermé 1er janv., Yom Kippour, 24-25 et 31 déc. - 60 DKK (-18 ans gratuit).*
Ouvert en 2004, ce petit musée retrace la longue histoire des juifs au Danemark, depuis que le roi **Christian IV** les invita en 1622 à s'installer comme marchands jusqu'à leur sauvetage en 1943, dont vous découvrirez ici l'incroyable histoire. À l'entrée, un intéressant film documentaire évoque la construction du musée, un bâtiment dessiné par Daniel Libeskind, l'architecte qui a également signé le Musée juif de Berlin.

PONT DE MARBRE★

(Marmorbroen)
E6 Ce pont de style rococo aux arches élégantes franchit le Frederiksholms Kanal et assure l'accès à la vaste cour de Christiansborg. Dessiné par l'architecte **Nicolai Eigtved** (1701-1754), il fut construit en même temps que le premier palais.

MUSÉE NATIONAL★★★

(Nationalmuseet)
E6 *Ny Vestergade 10 - ✆ 33 13 44 11 - https://natmus.dk - ♿ - mar.-dim. (tlj en juil. et août) 10h-17h - fermé 24-25 et 31 déc. - 85 DKK (-18 ans gratuit) - possibilité de visite guidée en anglais (45mn, se rens.).*
Incontournable pour la richesse de ses collections, ce musée s'est agrandi plusieurs fois depuis sa fondation en 1819. Les derniers travaux en date l'ont doté d'un bâtiment moderne et spacieux avec un hall grandiose. Ses départements se répartissent sur trois étages, et un espace est affecté à un **musée pour enfants** *(10h-16h30)*. Au rez-de-chaussée, la **préhistoire danoise★★★,** de 13000 av. J.-C. au 11e s. de notre ère, constitue le joyau du musée. Vous y verrez de nombreux objets en bronze et en or, comme le char solaire de Trundholm (v. 1400 av. J.-C). La collection de pierres runiques du 10e s. provenant de l'île de Lolland et du Jutland est remarquable, de même que les objets de la période viking.
Au 1er étage, le **Moyen Âge** et la **Renaissance** sont représentés par du mobilier, des tapisseries et des objets religieux ; parmi les plus beaux,

un autel en or du 12e s. provenant d'Århus, des retables en bois peint et des vases sacrés des 15e et 16e s. La collection royale de **monnaies et médailles**, très riche en pièces grecques et romaines, présente des spécimens de différents pays.
Le 2e étage déploie la **collection ethnographique** parmi les plus importantes du monde : il ne faut pas manquer, en particulier, la section consacrée aux Inuits. **Histoires du Danemark** évoque l'évolution de la vie quotidienne et quelques salles sont réservées à des **jouets anciens.**
Au 3e étage, les **antiquités** font revivre les civilisations égyptienne, étrusque, grecque et romaine.
Vous trouverez une intéressante boutique *(voir « Nos adresses » p. 101)*, des espaces pique-nique et un restaurant.

NielsDK/imageBROKER/age fotostock

Musée national de Copenhague.

MUSÉE DE L'ARSENAL

(Tøjhusmuseet)
E-F6 *Tøjhusgade 3 - ☏ 33 11 60 37 - www.thm.dk - tlj sf lun. 10h-17h - fermé 24, 25 et 31 déc. - 75 DKK (-18 ans gratuit) - possibilité de visite guidée en anglais (se rens.).* Des canons, des épées, des uniformes, des sabres, des bombes. L'exposition de l'arsenal construit par Christian IV en 1604 illustre l'histoire militaire danoise depuis le 16e s. En 2016, la collection s'est enrichie en accueillant le Musée naval *(Orlogsmuseum)* tandis qu'une nouvelle exposition témoigne de l'expérience des soldats danois en Afghanistan en 2010.

CENTRE D'ARCHITECTURE DANOISE - BLOX

(Dansk Arkitektur Center)
F7 *Bryghuspladsen 10 - https://dac.dk - ♿ - tlj 10h-18h (21h mar.) - 110 DKK (- 18 ans gratuit).* En mai 2018, le Centre d'architecture danoise a quitté Christianshavn pour s'installer dans ce tout nouvel édifice réalisé par Rem Koolhaas et dénommé **Blox**. Empilement de cubes massifs jouant des transparences et des reflets, l'ensemble comprend un restaurant, un café, des bureaux, des appartements et une salle de fitness. Il accueillera des expositions thématiques d'architecture contemporaine.
Côté canal, un pont réservé aux piétons et aux vélos est prévu tandis qu'un espace extérieur à l'arrière du bâtiment s'ouvre sur la ville.

Autour de la gare centrale

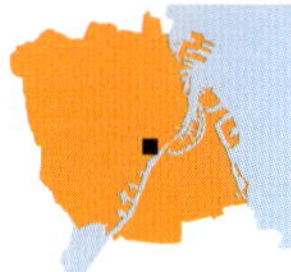

Au cours de votre séjour, vous transiterez forcément à un moment ou à un autre par ce quartier animé et central, ne serait-ce que pour prendre un train vers l'aéroport et les riches musées de l'agglomération. Tout autour, les larges avenues dessinent un mélange un peu chaotique de bâtiments historiques et de tours modernes, d'où émergent les manèges du parc Tivoli. S'il n'a pas le cachet du vieux Copenhague, le quartier recèle quelques pépites, à commencer par l'incroyable glyptothèque Ny Carlsberg, musée privé fondé en 1882 par le célèbre brasseur du même nom.

▶**Accès :** Ⓢ København H ou Vesterport. ***Plan détachable D6-7.***
▶**Conseil :** la gare est aussi un lieu de vie, avec diverses boutiques (et une Poste) pour les courses de première nécessité.
« Nos adresses » p. 84, 93, 106 et 108.

GARE CENTRALE

(Københavns Hovedbanegård)
D6-7 « København H » est la principale gare du Danemark, d'où rayonnent les trains de la DSB, la compagnie nationale danoise, à destination du reste du Danemark et de quelques villes étrangères dont Stockholm, Hambourg et Berlin. Construite en 1911 par l'architecte Heinrich Wenck, elle sera reliée au métro en 2019, lors de la mise en place des nouvelles lignes M3 et M4 *(voir encadré p. 22)*.

RADISSON BLU ROYAL HOTEL

Hammerichsgade 1 - ✆ 33 42 60 00.
D6 Face à la gare centrale, vous ne pourrez pas manquer de remarquer cette haute tour de 20 étages, typique des années 1960, conçue par l'architecte et designer **Arne Jacobsen** *(voir p. 137)* pour la compagnie aérienne Scandinavian Airlines System (SAS), qui l'a depuis revendue. À l'époque de sa construction, de 1956 à 1960, le bâtiment fut le plus haut du Danemark (69,70 m). Arne Jacobsen y a tout dessiné, de la façade aux fameux fauteuils *Swan* et *Egg* qui meublent encore le hall de réception, en passant par les couverts du restaurant. Seule la chambre 606 est restée dans son état originel *(voir « Nos adresses » p. 109)*.

RÅDHUSPLADSEN

(Place de l'Hôtel-de-Ville)
D6 Bordée de hauts immeubles et encadrée par deux avenues

(H. C. Andersens Boulevard et Vester Voldgade), recevant le flux de circulation provenant de l'est par la gare centrale et Vesterbrogade, cette vaste place rectangulaire très animée dispose d'un îlot piétonnier central accueillant à toute heure du jour une foule de badauds. Artistes de rue, musiciens, concerts et animations commerciales (avec baffles et écrans géants réglés à plein volume) ajoutent régulièrement à la sympathique cacophonie ambiante, encore accentuée par les travaux du métro qui devraient se poursuivre jusqu'en 2019.

Parmi les bâtiments entourant la place, on remarque particulièrement l'**hôtel Palace**, avec sa spectaculaire façade ornée de tourelles et de clochetons, et l'hôtel de ville, surmonté de son beffroi.

Sur la gauche de la façade de l'hôtel de ville se dresse une statue de bronze représentant deux joueurs de trompette (Lurblæseren) ; à sa droite se trouve la **fontaine du Dragon**, exécutée en 1923 par Skovgaard et Bindesbøll. Une **statue de Hans Christian Andersen** *(voir p. 136)*, représenté assis, un livre à la main, se dissimule sous les frondaisons qui agrémentent le boulevard du même nom, à la droite du bâtiment.

Hôtel de ville (Rådhuset) – *✆ 33 66 25 86 - www.kk.dk - exposition (horloge astronomique) : lun.-vend. 9h-16h, sam. 10h-13h (gratuit) - visites guidées en anglais : hôtel de ville lun.-vend. à 13h, sam. à 10h (50 DKK) ; tour de l'hôtel de ville lun.-vend. à 11h et 14h, sam. 12h (30 DKK).* Le massif édifice de brique rouge fut achevé en 1905 d'après les plans de Martin Nyrop, qui s'inspira de l'architecture danoise médiévale et du style Renaissance de l'Italie du Nord. Du haut de la tour, on jouit d'une large **vue★** sur la ville et le port. Au rez-de-chaussée, une salle est consacrée à l'**horloge astronomique★**, réalisée par Jens Olsen (1872-1945) et dont le mécanisme donne l'heure sidérale ainsi que l'heure solaire partout dans le monde. Elle indique la trajectoire des planètes autour du Soleil et calcule les éclipses du Soleil et de la Lune avec une précision diabolique, de l'ordre d'une demi-seconde tous les 300 ans !

Aux alentours, plusieurs attractions payantes sont distrayantes mais d'un intérêt limité (comme le musée Ripley's Believe It or Not !). **Le Monde**

Sur les pas d'Andersen

Le centre-ville est parcouru d'empreintes de chaussures peintes en blanc sur le sol. Cet itinéraire retrace les lieux associés au célèbre écrivain. En une demi-journée, vous pourrez découvrir une vingtaine d'étapes, du musée à la plaque commémorative, en passant par des rues typiques. L'hommage est somme toute modeste comparé à la renommée de l'auteur à travers le monde. Un musée est en projet depuis plusieurs années mais n'a pas encore vu le jour faute de financement. À suivre...

Tivoli, décor de Noël russe.

BASILS DIVAN

merveilleux de H. C. Andersen est quant à lui l'unique lieu de Copenhague dédié au célèbre écrivain danois, mais il déçoit par son contenu vieillot. Une dizaine de vitrines mettent en scène les contes les plus connus, sans en décrypter le sens caché, ni éclairer la vie et l'œuvre de leur auteur.
En continuant le long de **H.C. Andersen Boulevard**, vous croisez Dantes Plads, où a été installé **The Wall**, un pavillon temporaire et interactif consacré à l'histoire de Copenhague, en attendant la réouverture du Musée de Copenhague *(Københavns Bymuseum)* prévue au printemps 2019 au n° 18 de Stormgade.

GLYPTOTHÈQUE NY CARLSBERG★★★

(Ny Carlsberg Glyptotek)
E6 *Dantes Plads 7 - ✆ 33 41 81 41 - www.glyptoteket.dk - ♿ - tlj sf lun. 11h-18h (22h jeu.) - visites guidées en anglais tlj à 12h et 13h mi-juin-mi-sept. - fermé 5 juin, 24-25 déc. - 115 DKK (-27 ans 85 DKK), gratuit mar. (sf expo.) et -18 ans.*
Prévoyez une bonne demi-journée pour profiter au mieux du fonds exceptionnellement riche de la collection d'art fondée en 1882 par le brasseur Carl Jacobsen. Exposée dans un édifice conçu par Vilhelm Dahlerup et inauguré en 1897, cette collection est tellement importante

E. Nathan/Loop Images / Photononstop

Place de l'Hôtel-de-Ville (Rådhuspladsen).

qu'un autre bâtiment a dû être ajouté ultérieurement par Hack Kampmann. Il est relié au premier par un monumental **jardin d'hiver** orné de palmiers et dont le bassin central est décoré d'une sculpture allégorique de **Kai Nielsen**. Des bancs et un café *(voir « Nos adresses » p. 93)* permettent aux visiteurs de s'attarder dans ce havre de paix au parfum rétro, baignant dans une atmosphère tropicale inattendue à Copenhague. Enfin, une autre aile a été construite par Henning Larsen en 1996 pour abriter la collection de peinture française et les bronzes de Degas.

Si le temps presse, nous vous conseillons de démarrer votre visite dans cette dernière aile, la plus moderne, pour ne pas manquer l'incroyable **collection de peintures françaises★★★** qui s'y déploie.

De David à Manet, en passant par Delacroix, Corot, Toulouse-Lautrec, vous y verrez notamment les impressionnistes avec Pissarro *(Vue de la Seine du Pont-Neuf vers le Louvre)*, Monet *(Pyramides de Port-Coton, Belle-Île-en-Mer)*, Cézanne *(Quatre Baigneuses, Autoportrait au chapeau melon)* et Renoir *(Jeunes Filles, Odalisque allongée)*.

La superbe collection de peinture postimpressionniste compte en particulier des œuvres lumineuses de Gauguin illustrant tous les aspects de son art : sculptures sur bois et céramiques de sa jeunesse, toiles de sa période bretonne *(Paysage de Pont-Aven, Jeune Bretonne)* et tableaux peints à Tahiti *(Tahitienne à la fleur)* ; également plusieurs tableaux de Bonnard *(Paysage du sud de la France, La Salle à manger)*.

Autre point fort du musée, **la sculpture française★★★**, avec, à l'étage, un rarissime ensemble de bronzes de Degas. Revenu au rez-de-chaussée, vous découvrirez plusieurs salles consacrées à Rodin ainsi que des sculptures de Carpeaux et de Maillol.

On se sait plus ici où donner de la tête : toujours au rez-de-chaussée, la splendide **collection des antiquités★★★**. Elle couvre la Mésopotamie (l'objet le plus ancien date d'environ 2500 av. J.-C.), d'Égypte (y compris un hippopotame vieux de 5000 ans), la Grèce (sculptures en marbre, terres cuites, bronzes et vases) et l'Italie (sculptures et vases étrusques). Sachez d'ailleurs que la section étrusque est la plus importante d'Europe du Nord.

Le musée possède enfin une large collection de **sculptures danoises** et une petite collection de toiles majeures de **peintres danois du 19e s.** On apprécie cette dernière, où découvrir des œuvres de Christoffer Wilhelm Eckersberg (1783-1853), J.-C. Dahl (1788-1857) et Christian Købke (1810-1848), qui donnent à voir des scènes et des portraits d'époque, des paysages danois aux couleurs sourdes et à la lumière sous-jacente, distillant une mélancolie toute scandinave. Si vous êtes intéressé par la peinture scandinave, ne manquez pas de visiter le musée national des Beaux-Arts *(voir p. 50)*.

Les marchés de Noël
Le traditionnel marché de Noël de Tivoli est l'un des plus courus du pays, apprécié pour la diversité de ses étals installés dans les allées du parc illuminé de manière féerique à la nuit tombée. Deux autres marchés de Noël s'installent dans les rues de Copenhague, à Nyhavn, et sur Strøget. C'est l'occasion de découvrir les traditions de Noël danoises – couronne et calendrier de l'Avent, tables richement décorées, bougeoirs calendaux à 24 bougies, timbre spécial Noël – et de boire un verre de glögg, le fameux vin chaud local.

Du toit-terrasse, belle **vue** sur les flèches de la ville à la couleur verte caractéristique (café-lounge ouvert à la belle saison, aux horaires du musée).

TIVOLI★

D6 *Vesterbrogade 3 - ✆ 33 15 10 01 - www.tivoligardens.com - ♿ - de fin mars à fin sept., vac. de Toussaint et vac. de Noël : dim.-jeu. 11h-23h, vend.-sam. 11h-minuit - 110 DKK (3-7 ans 50 DKK) - 30-90 DKK pour certaines attractions (accès illimité 230-290 DKK).*

L'un des plus anciens parcs d'attractions du monde (1843), Tivoli a été imaginé par Georg Carstensen et attire plus de 4 millions de visiteurs par an, dont une large majorité de Danois. Son fondateur aurait convaincu le monarque de l'époque, Christian VIII, du bien-fondé de sa création, en lui soufflant que *« lorsque le peuple s'amuse, il ne pense pas à la politique »*.

Depuis, les distractions, la fantaisie et le charme rétro savamment entretenu continuent d'animer ces jardins éclairés la nuit des mille feux des lanternes vénitiennes suspendues aux arbres. Les nombreux restaurants et cafés créent une ambiance de fête. La musique y est à l'honneur, dans la journée par des concerts en plein air, en soirée dans la salle où se produisent orchestres et solistes internationaux, parmi lesquels Arthur Rubinstein, Benjamino Gigli, Yehudi Menuhin, Isaac Stern, Janet Baker et Mstislav Rostropovitch.

À l'agrément des arrangements floraux, au charme des édifices exotiques et des palais de contes de fées s'ajoute pour les enfants le dépaysement d'un repas pirate, pris à bord de la frégate *Sankt Georg III* ancrée sur le lac *(env. 119-199 DKK, menu enf. 89 DKK)*. Les gardes de Tivoli, vêtus d'uniformes rouge et blanc et coiffés de bonnets à poil, défilent régulièrement, tandis que des pantomimes mettent en scène les personnages de la *commedia dell'arte* et que les attractions rivalisent d'ingéniosité dans le domaine du sensationnel. Le samedi soir, à 23h45, des feux d'artifice embrasent le ciel de Tivoli.

La ville du 18e siècle★★

Cette « nouvelle ville », qui se développa sur le bord de mer à la fin du 17e s. et tout au long du 18e s., est aujourd'hui le quartier aristocratique de Copenhague. Autour du palais d'Amalienborg, résidence officielle de la souveraine, il offre la perspective de ses larges avenues et concentre hôtels, ambassades et commerces luxueux.

▶**Accès :** Ⓜ Kongens Nytorv. ***Plan détachable F-G/4-5.***
▶**Conseil :** les pistes cyclables bien protégées de la circulation automobile et l'agréable parc de la Citadelle font de ce quartier un endroit agréable pour la promenade, encore plus si l'on poursuit le long des quais.
Voir « Copenhague à vélo » p. 10.
« Nos adresses » p. 84, 93, 101, 106 et 110.

KONGENS NYTORV★

(Nouvelle Place Royale)

F5 Les travaux prévus jusqu'en 2019 pour la construction des nouvelles lignes de métro M3 et M4 *(voir p. 22)* défigurent hélas provisoirement les lieux. La réalisation de cette magnifique place fut la première opération d'urbanisme liée à la construction de la nouvelle ville, que le surpeuplement de Copenhague rendait nécessaire. Achevée en 1688, elle reçut en son centre une statue équestre de Christian V. La plupart des édifices bâtis alors ont disparu aujourd'hui, mais l'harmonie architecturale recherchée a été respectée.

Sur le côté gauche de la place, **Magasin**, le grand magasin le plus couru de Copenhague *(voir « Nos adresses » p. 102)*, précède l'**hôtel d'Angleterre**. Celui-ci reste le palace historique de la capitale danoise, toutefois remis au goût du jour par une restauration en 2012.

À l'angle de Gothersgade et de Store Kongensgade se dresse une galerie commerçante, **Baron Boltens Gård**, familièrement appelée Boltens. Plus loin, au coin de Bredgade, on peut admirer l'un des premiers édifices construits sur la place, **Thotts Palæ** (vers 1685), qui appartint à l'un des héros nationaux, l'amiral Niels Juel. L'immeuble est actuellement occupé par l'ambassade de France.

Théâtre royal (Kongelige Teater) – *Sur la droite après Niels Juels Gade.* Cet imposant bâtiment en pierre de taille a été construit en 1870.

Charlottenborg – *☎ 33 36 46 39 - https://kunsthalcharlottenborg.dk - mar.-vend. 12h-20h, sam.-dim. 11h-17h, fermé lun. - 75 DKK (gratuit* *merc. après 17h et -16 ans) - possibilité de visite guidée en anglais (se rens.).* Ce palais baroque édifié en 1670 et situé sur la rive sud de Nyhavn abrite aujourd'hui l'Académie royale des arts et le **musée d'Art contemporain** qui présente des expositions temporaires, et d'où l'on découvre de belles **vues**★ sur le quai de Nyhavn.

NYHAVN★★★

(Nouveau Port)

F-G5 Ce bassin, aujourd'hui l'un des sites les plus connus et les plus touristiques de Copenhague, fut creusé à la fin du 17e s. pour permettre l'accès des navires à Kongens Nytorv. L'essor rapide du commerce entraîna la construction d'entrepôts et d'étroites demeures à pignon. Mais la présence de marins de toutes nationalités eut bientôt pour effet de voir aménager les rez-de-chaussée en tavernes... Les rixes fréquentes contribuèrent à la mauvaise réputation de Nyhavn, mais de respectables citoyens continuèrent néanmoins d'y demeurer, à l'instar de **Hans Christian Andersen** *(voir p. 136)*, qui habita successivement aux nos 20, 67, puis 18.

De nos jours, les bars à matelots sont devenus de petits restaurants chaleureux, débordant sur les quais devant des façades égayées de couleurs vives, tandis que, sur le canal, les navires de commerce d'autrefois ont cédé la place à de superbes voiliers. Sur le quai nord, ensoleillé et réservé aux piétons, l'animation atteint son paroxysme l'après-midi, lorsque les terrasses sont bondées, quelle que soit la température (des plaids disposés sur les chaises permettent aux plus frileux de sacrifier à la tradition de consommer dehors), et que les bars à bière parviennent à peine à satisfaire la demande.

À l'extrémité du bassin, du côté de la place Royale, une ancre monumentale, que l'on pourrait croire échouée là à la suite d'une tempête, commémore le souvenir des marins danois morts pendant la Seconde Guerre mondiale. Non loin se trouve l'**embarcadère** d'où partent les excursions le long des canaux et autour du port *(voir p. 120)*.

Au bout du quai sud, le **Inderhavnsbroen**, pont réservé aux piétons et aux vélos, permet de rejoindre le quai de l'Atlantique nord *(voir p. 56)*.

AMALIENBORG SLOTSPLADS★★

(Place du palais d'Amalienborg)

G4 La place, le palais et l'église de marbre, un peu plus loin, furent conçus en 1749 par Frédéric V pour former le cœur d'un nouveau quartier auquel il envisageait de donner le nom de Frederiksstaden. **Nicolai Eigtved** dessina les plans de quatre édifices identiques (que quatre personnalités éminentes se virent vivement incitées à financer de leurs deniers) disposés autour d'une place octogonale, ainsi que ceux de l'église. En 1768, la statue équestre de Frédéric V, réalisée par le sculpteur français Jacques Saly, fut installée au centre de la place.

Les façades multicolores de Nyhavn.

PALAIS D'AMALIENBORG★★

(Amalienborg Slot)

G4 ☏ *33 12 21 86 - www.kongernessamling.dk - 1er mai-15 juin et 16 sept.-31 oct. : 10h-16h ; 16 juin-15 sept. : 10h-17h ; 1er nov.-30 avr. : 11h-16h (fermé lun. hors vac. d'hiver et de Pâques) - fermé 23-25 déc. - 95 DKK (-18 ans gratuit), 155 DKK billet combiné avec château de Rosenborg (valable 36h).*
Le palais devint la résidence officielle de la famille royale après la destruction de Christiansborg dans un incendie. La visite permet de découvrir le bureau du roi **Christian IX**, l'élégant salon de son épouse, la reine Louise, le bureau de Frédéric VIII avec son mobilier d'origine, et celui de Christian X, ainsi qu'une collection de costumes et de joyaux. Lorsque la reine réside au palais, la cérémonie de la **relève de la garde**, qui a lieu tous les jours à midi, attire une foule de touristes.

Jardin d'Amélie (Amalienhaven) – Derrière le palais, au-delà de Toldbodgade, le quai a été aménagé en jardin donnant sur ce qui fut autrefois le port. En face, les lignes dépouillées du superbe **Opéra★★** *(voir p. 57)*.

En suivant le quai, vous longerez les anciens entrepôts, restaurés avec goût, et souvent reconvertis en appartements. À droite, la **Skuespilhuset** (maison des Spectacles), un bâtiment vitré aux lignes audacieuses, héberge le Théâtre royal. Une vaste esplanade sur pilotis accueille de grands événements, spectacles et concerts en plein air.

COLLECTION ROYALE DE SCULPTURES

(Kongelige Afstøbningssamling)

G3 *Toldbodgaden 40 - ☏ 33 74 84 94 - www.smk.dk - tlj sf lun. 11h-17h (20h merc.) - fermé 1er janv., 24-25 et 31 déc. - 110 DKK (-30 ans 85 DKK, -18 ans gratuit).* Signalée par une reproduction du *David* de Michel-Ange, cette réjouissante collection de copies est hébergée dans un ancien entrepôt. De la *Pierre de Rosette* au *Discobole* de la villa de Tivoli, des *Trois Grâces* à *Apollon*, il émane de ce lieu, soutenu par de vénérables poutres de bois et peuplé d'une infinité de moulages, une ambiance aussi surréaliste qu'imprévue.

PARC CHURCHILL★

(Churchill Park)

G3 Au milieu de ce vaste parc situé au nord d'Amalienborg se dresse l'ancienne citadelle.

Citadelle (Kastellet) – Entourée par des douves bordées de roseaux et de saules pleureurs, cette caserne du début du 18e s. comprend plusieurs rangées de bâtiments de brique rouge le long d'une rue pavée s'achevant à chaque extrémité par une porte fortifiée.

En suivant la rive, on parvient devant l'imposante **fontaine Gefion**, surmontée d'une sculpture de bronze représentant une femme menant avec fougue deux paires de bœufs. Sur la gauche s'élève **Sankt Albans Kirke** (église Saint-Alban), une église anglicane. Derrière la fontaine, une passerelle en fer forgé permet de s'enfoncer dans le parc.

La Petite Sirène (Den Lille Havfrue) – Plus loin, sur le front de mer, on aperçoit le véritable symbole de la ville de Copenhague, *La Petite Sirène*. Cette silhouette énigmatique assise sur un rocher au bord de l'eau, le regard perdu au loin vers l'entrée du vaste port, et qui paraît si étrangère au cadre qui l'entoure, séduit sur-le-champ la plupart des visiteurs. Œuvre d'**Edvard Eriksen**, la statue de bronze qui honore à la fois Andersen et l'attachement des Danois à la mer fut offerte à la ville de Copenhague en 1913 par **Carl Jacobsen**, fils du fondateur des brasseries Carlsberg.

En continuant le long des quais, vous parviendrez à Langeliniekaj, où sont amarrés des paquebots. Le quai est bordé d'arcades abritant des cafés et des boutiques spécialisées dans les fins de stocks *(voir « Nos adresses », p. 101)*; au-dessus, une allée piétonne offre de belles vues de l'Øresund.

BREDGADE

G3-4 Bordée d'élégants magasins d'antiquités, de galeries d'art et de restaurants, Bredgade (« grande rue ») est l'artère principale du noble quartier d'Amalienborg.

Église de marbre★ (Marmorkirken) – *Au bout de Frederiksgade qui part de la place d'Amalienborg - www.marmorkirken.dk - lun.-jeu. et sam. 10h-17h, vend. et dim. 12h-17h,*

B Balestri/iStock

Église Saint-Alban dans le parc Churchill.

gratuit - accès au dôme : à 13h tlj du 15 juin au 31 août, sam. et dim. le reste de l'année, 35 DKK (-18 ans 20 DKK) - pas de visite lors des messes et concerts. Nommée en réalité Saint-Frédéric (Frederiks Kirke), elle ne fut achevée qu'à la fin du 19e s. Son énorme dôme est l'un des points de repère de la ville.

MUSÉE DU DESIGN DANOIS★★

(Designmuseum Denmark)
G3 *Bredgade 68 - ☏ 33 18 56 56 - https://designmuseum.dk - ♿ - tlj sf lun. 10h-18h (merc. 21h) - fermé 1er janv., 24-25 et 31 déc. - 115 DKK (-26 ans gratuit, seniors 80 DKK) - possibilité de visite guidée en anglais (se rens.).* Créé en 1890, ce musée est installé dans un beau bâtiment de style rococo, un ancien hôpital bâti par **Eigtved**, l'architecte du château d'Amalienborg. Il retrace l'histoire du design de l'Art nouveau à nos jours, vu sous le prisme danois. L'ensemble est bien sûr incontournable pour les passionnés de design scandinave, qui y retrouveront les designers cultes et certaines œuvres rarissimes. Mais le fonds constitue aussi une excellente introduction pour les néophytes, qui en apprendront plus sur certaines pièces devenues familières à tous, signées **Arne Jacobsen** *(voir p. 137)*, Poul Henningsen, **Hans J. Wegner** *(voir p. 137)*, Verner Panton, Finn Juhl... Notez aussi la collection d'affiches, verreries et céramiques, dont de rares pièces de **Paul Gauguin**.

Deux nouvelles sections ont ouvert en 2015 : l'une consacrée à la **porcelaine européenne** depuis le 18e s. ; la seconde dédiée à la **création textile** depuis le 19e s., une sorte de mini-musée de la mode scandinave en cinq salles.

Dynamique, le musée est aussi réputé pour ses expositions temporaires, dont certaines sont en place pour plusieurs années. C'est le cas de « Danish Design Now », consacrée au **design danois contemporain** *(jusqu'en 2021)* : le travail des designers et des artisans d'aujourd'hui y est présenté à travers du mobilier, de la céramique, du design graphique et de la mode... L'agréable jardin, la boutique et le café Klint *(voir « Nos adresses » p. 93)*, avec une terrasse aux beaux jours, ajoutent au charme de l'endroit.

NYBODER

F3 De l'Église de marbre, un léger détour vous mènera vers Nyboder, un charmant carré de ruelles pavées, aux maisonnettes jaune safran, construites entre 1631 et 1641 par le roi **Christian IV** *(voir p. 136)* pour loger les familles des marins de la Marine royale danoise, alors en plein développement. Le quartier est aujourd'hui très couru. La couleur des façades est d'ailleurs devenue une référence locale, et tous les Danois connaissent le « jaune Nyboder ».

Musée de Nyboder (Nyboder Mindestuer) – *Sankt Paul Gade 24 - https://nybodersmindestuer.dk - dim. 11h-14h - 20 DKK.* Dans l'une des plus anciennes maisons du quartier, cet attachant petit musée est dédié à l'histoire de ce lotissement.

Le « jaune Nyboder ».

Autour du château de Rosenborg★★

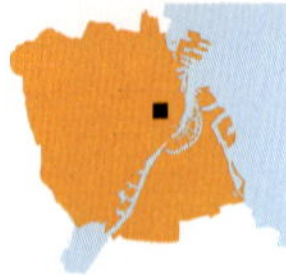

Riche en institutions culturelles et en espaces verts, ce quartier a l'ambition de devenir le « Parkmuseerne », le « quartier des musées » de Copenhague. L'avenir dira si la formule prend. Elle serait en tout cas justifiée. Évitez les grandes avenues sans charme pour vous concentrer sur les parcs et jardins qui permettent de passer agréablement d'un musée à l'autre.

▶**Accès :** Ⓜ Nørreport ; Ⓢ Østerport, Nørreport. ***Plan détachable D-F/2-4.***
▶**Conseil :** le site Internet http://parkmuseerne.dk/en annonce les événements et les programmations des six musées et des trois jardins.
« Nos adresses » p. 86, 94, 102, 106 et 111.

GOTHERSGADE

D3 Partant de Kongens Nytorv (Nouvelle Place Royale), Gothersgade est une large avenue délimitant au nord la vieille ville et conduisant aux lacs creusés à l'emplacement des anciennes fortifications. Sur la droite de cette avenue s'étend un vaste parc dans lequel se dresse le château royal de Rosenborg. Tout autour du parc s'aligne une série de musées. Depuis 2013, le **Parkmuseerne** *(voir encadré ci-contre)* et les différentes institutions culturelles organisent des expositions sur des thèmes communs.

COLLECTION DAVID★

(Davids Samling)

F4 *Kronprinsessegade 30-32 (accès par le porche) - ☏ 33 73 49 49 - www.davidmus.dk - tlj sf lun. 10h-17h (merc. jusqu'à 21h) - fermé 23-25 et 31 déc. - gratuit.* Cette collection est située dans l'une des belles maisons du 19e s. donnant sur le parc. Elle appartenait à l'avocat, Christian Ludvig David, qui, en 1945, en fit une institution publique. Elle est composée de riches pièces d'art islamique du Moyen Âge, de tableaux et de mobilier français du 18e s. ainsi que de céramique et d'argenterie scandinaves.

JARDIN ROYAL

(Kongens Have)

E-F/3-4 *Avr. et sept. : 7h-21h ; mai à mi-juin et mi-août à fin-août : 7h-22h ; mi-juin à mi-août : 7h-23h ; oct. et mars : 7h-19h ; nov. et fév. : 7h-18h ; déc.-janv. : 7h-17h.* Ce havre de paix, dont les rhododendrons en fleur resplendissent au printemps, a été aménagé en 1606 par **Christian IV**. Se sentant un peu à l'étroit dans la ville, il avait en effet décidé de faire édifier un pavillon, devenu peu à peu le château de Rosenborg.

C'est aujourd'hui un vaste parc, soigneusement entretenu, paradis des enfants qui se pressent au théâtre de marionnettes.

CHÂTEAU DE ROSENBORG★★★

(Rosenborg Slot)

E3 *Øster Voldgade 4A - ✆ 33 15 32 86 - www.kongernessamling.dk - mi-avr. à mi-juin, mi-sept. à fin oct., vac. de Pâques et vac. de Noël : 10h-16h (fermé lun. en avr.); mi-juin à mi-sept. : 9h-18h; nov. à mi-avr. : 10h-15h (fermé lun. sf vac. de fév.) - fermé 1er janv., 23-25 déc. - 110 DKK (-18 ans gratuit); billet combiné avec Amalienborg 155 DKK (valable 36h) - possibilité de visite guidée en français (rens. : ✆ 33 18 60 55).*

Épargné par les incendies et les bombardements, le château de Rosenborg a conservé son aspect extérieur de 1633. Inspiré par l'architecture de la Renaissance hollandaise, il est construit en brique rouge décorée de tuffeau.

Du pavillon d'été à la résidence royale – Les idées de modeste pavillon d'été que nourrissait **Christian IV** en 1606 ne résistèrent pas longtemps à sa frénésie de bâtisseur puisque, en 1615, le bâtiment avait doublé de dimension. Au cours de la décennie suivante, on vit s'édifier un troisième étage, puis on ajouta la grande tour et, enfin, deux autres tours plus petites. C'est ainsi que le petit pavillon des origines devint la résidence royale… à laquelle le roi attribua le nom de Rosenborg (« palais des roses ») en hommage à sa seconde épouse, Kirsten Munk, dont le blason s'ornait de trois roses. Le souverain s'enorgueillissait d'avoir introduit dans sa demeure les techniques les plus avancées de son temps : une salle de bains avec eau courante et un mécanisme permettant d'actionner le pont-levis depuis le salon d'hiver. Mais, dès 1710, le palais cessa d'être résidence royale, Frédéric IV le jugeant trop petit.

Les collections – Toiles, tapisseries, mobilier rare, argenterie et porcelaine furent rassemblés ici par les successeurs de Christian IV. En 1833, les collections furent disposées par ordre chronologique et le château ouvert au public. Vous y découvrirez le **bureau de Christian IV**, pratiquement inchangé,

Parkmuseerne : trois parcs, six musées, une identité

À l'instar de Berlin, Vienne ou Amsterdam, Copenhague se targue désormais d'avoir son « quartier des musées » : six musées et trois parcs commodément situés dans la même zone, aisément accessibles à pied les uns des autres. Ils ont un site Internet commun et organisent des expositions temporaires collectives. Le Parkmuseerne englobe le château de Rosenborg, la collection David, la maison du Cinéma, le musée national des Beaux-Arts, la collection Hirschsprung et le musée d'Histoire naturelle. Les trois parcs sont le jardin royal, le jardin botanique et Østre Anlæg. Il existe un ticket combiné valable un an (195 DKK) qui offre un accès libre aux six musées et d'autres petits avantages.

le salon d'hiver, orné de tableaux incorporés aux panneaux muraux, la salle de marbre, de style baroque, la chambre du roi, tendue de tapisseries flamandes et, au dernier étage, la grande salle au splendide **plafond en stuc datant du 18e s.**, où trois lions d'argent montent la garde autour du trône. Dans les sous-sols, le trésor expose les joyaux de la Couronne et les insignes de la royauté.

MUSÉE NATIONAL DES BEAUX-ARTS★★★

(Statens Museum for Kunst)

E3 *Sølvgade 48-50 - ✆ 33 74 84 94 - www.smk.dk - ♿ - tlj sf lun. 11h-17h (20h merc.) - fermé 1er janv., 24-25 et 31 déc. - 110 DKK (-18 ans gratuit, -30 ans 85 DKK) - possibilité de visite guidée en anglais (se rens.).*

Édifié à la fin du 19e s. selon les plans de **Vilhelm Dahlerup**, l'intérieur fut par la suite modernisé afin d'y privilégier l'espace et la lumière. En 1998, les collections grandissant, un nouveau bâtiment donnant sur le jardin fut construit.

L'art danois et international jusqu'en 1900 occupe, au premier étage, des salles peintes de couleur bleue, grise, verte et rouge selon le genre d'œuvres présentées. Cette partie se compose de deux sections bien distinctes :

Section d'art européen (1300-1800) – Elle comprend des toiles de l'École italienne du 14e au 18e s. et de l'École française du 17e et du 18e s., mais c'est la collection de **peintures flamandes et hollandaises★★★** du 15e au 18e s. qui est la plus remarquable, avec, entre autres, des œuvres de Bruegel, Rembrandt, Hals, Rubens, Ruisdael, Memling... Quelques salles, consacrées à l'art danois et européen de 1600 à 1800, présentent les débuts de l'art danois illustré par les portraits et les paysages de **Jens Juel** ainsi que les toiles mythologiques d'**Abildgaard**.

Section d'art danois et européen (1800-1900) – Elle illustre le développement de la peinture danoise au cours du 19e s. ; la période de l'âge d'or danois est largement représentée (œuvres d'Eckersberg, Købke, Bendz, Lundbye, Sonne et Bissen), mais l'attention des visiteurs est également attirée par les peintres de la seconde moitié du 19e s. (école de Skagen, Theodor Philipsen et l'impressionnisme, les peintres fioniens) et par deux époques moins connues telles que le début du 19e s. et le symbolisme (œuvres de Ejnar Nielsen, Zahrtmann, Skovgaard, Ring, Munch, Hammershøi et Willumsen).

Une galerie coiffée d'une verrière, surnommée « l'allée de la sculpture », sert de trait d'union entre l'ancien bâtiment et le nouveau dessiné par Anna Maria Indrio et Mads Møller, où sont exposées sur trois niveaux les collections d'art du 20e s. Des passerelles relient les deux édifices au-dessus de l'allée de la sculpture.

Section d'art du 20e s. – Au niveau 1, une salle présente la peinture scandinave du début du 20e s. : remarquez notamment deux œuvres d'**Edvard Munch** *(Ouvriers rentrant chez eux, 1914-1919)*.

Au niveau 2, le cubisme est à l'honneur avec Braque, Juan Gris

Le château de Rosenborg.
J. Moya/age fotostock

(le Guitariste), Picasso, Léger, Olaf Rude *(Composition cubiste)*, Edvard Weie *(Fantaisie romantique)*. Également une importante collection d'œuvres postérieures à 1950, avec **Richard Mortensen** *(Double Espace)*, Victor Vasarely ou **Per Kirkeby** *(Peinture romantique)*. Les dernières salles sont consacrées à l'art contemporain, danois ou étranger. Remarquez *Central Park* d'Ola Billgren.
Le niveau 3 rassemble une importante collection de toiles de **Matisse** *(Intérieur au violon, Odalisque, Poisson rouge)*, des œuvres de Derain, Dufy, Marquet, **Modigliani** *(Alice)*, Laurens. Vient ensuite le surréalisme, représenté par Richard Mortensen *(Vision)*, Max Ernst et **Erik Olson** *(Paysage aérodynamique)* ; puis le mouvement Cobra, avec des œuvres d'**Asger Jorn** *(Printemps, Saxnås)* et de Carl-Henning Pedersen *(Château rouge, Reykjavik)*. Les dernières salles exposent des tableaux de Jens Søndergaard, Harald Giersing *(Le Jugement de Pâris)*, Georges Rouault *(Le Pont)* ou encore Chaïm Soutine *(La Bohémienne)*.
Le café du musée est particulièrement agréable, avec ses volumes design et ses baies vitrées ouvrant sur le parc.

COLLECTION HIRSCHSPRUNG★

(Hirschsprungske Samling)
E2-3 *Stockholmsgade 20 - ✆ 35 42 03 36 - www.hirschsprung.dk - ♿ - merc.-dim. 11h-16h - fermé 1er janv., 23-26 et 31 déc. - 85 DKK (-18 ans gratuit) - possibilité de visite guidée en anglais (se rens.).*

Cette collection fut offerte au Danemark par **Heinrich Hirschsprung** (1836-1908), propriétaire d'une manufacture de tabac. Logée dans un édifice néoclassique inauguré en 1911, elle est consacrée à l'art danois du 19e s. : peintures, sculptures, aquarelles et dessins. Dans la plupart des salles, du mobilier provenant des demeures des artistes renforce l'intensité des œuvres.

JARDIN BOTANIQUE★

(Botanisk Have)
E3 *Entrée principale à l'angle de Øster Voldgade et de Gothersgade - ✆ 35 32 22 22 - https://snm.ku.dk - ♿ partiellement - avr.-sept. : 8h30-18h ; reste de l'année : 8h30-16h - serre des palmiers : 10h-17h (oct.-mars : tlj sf lun. 10h-15h) - serre des cactus : w.-end et j. fériés 13h-14h - serre des bégonias : w.-end et j. fériés 14h-15h - serre des espèces menacées : w.-end et j. fériés 13h-15h - fermé 24 déc. - jardin et serres : gratuit.*
Ce superbe jardin fut planté vers 1870 sur un terrain libéré par la démolition des fortifications. Parsemé de grandes **serres** où s'épanouissent palmiers, cactus et orchidées, ombragé d'arbres vénérables et doté d'un lac artificiel et d'un jardin alpin, il appartient au **musée national d'Histoire naturelle** (Statens Naturhistoriske Museum), qui comprend également le musée zoologique *(voir p. 60)* et le musée géologique.
Musée géologique (Geologisk Museum) – *tlj sf lun. 10h-17h (fermé*

1er janv., 24-25 et 31 déc.), 95 DKK (3-16 ans 50 DKK) billet valable également pour le musée zoologique - expositions temporaires - ateliers pour enfants. Il présente une belle collection de roches, des fossiles ainsi qu'un fragment de pierre lunaire ; les explications sont majoritairement en danois.

ØSTRE ANLÆG

F2 *Entrée sur Stockholmsgade et Sølvgade - entrée libre 24h/24.* L'atmosphère romantique de ce superbe jardin vallonné, fondé en 1870, fait oublier qu'il a été établi sur les anciennes fortifications de Copenhague, construites pour défendre la cité des invasions étrangères, puis détruites en 1850. Les habitants de Copenhague aiment y pique-niquer aux beaux jours.

NANSENSGADE

D3-4 *Au sud de Gothersgade.* Réputée pour ses charmants cafés et ses boutiques dans l'air du temps, cette agréable rue fut construite à la même époque que le parc Østre Anlæg, sur des terrains laissés vacants par la destruction des anciennes fortifications de la ville.

MARCHÉ DE TORVEHALLERNE

D4 *Israels Plads - https://torvehallernekbh.dk - lun.-jeu. 10h-19h ; vend. 10h-20h ; sam. 10h-18h ; dim. 11h-17h.*

À la sortie du métro Nørreport, à deux pas de Nansensgade, l'ouverture de ce grand marché couvert, en 2011, a radicalement changé l'atmosphère de cette partie de la ville. Les gourmets affluent sous les deux halles modernistes en verre et métal abritant une soixantaine d'étals, primeurs et bouchers, bien sûr, mais aussi, et surtout, des petits restaurants pour manger sur le pouce *(voir « Nos adresses » p. 86)*. Une adresse parmi d'autres : Grød, pour tester la traditionnelle bouillie danoise au pain de seigle et à la bière, ici modernisée et savoureuse, en version salée ou sucrée.

LACS ARTIFICIELS

D4-5 *Le long d'Øster Søgade, Søtorvet et Nørre Søgade.* À l'ouest de Nansensgade, cinq lacs *(søerne)* marquent la frontière entre les quartiers du centre-ville et Nørrebro *(voir p. 58)*. Sur les plans de la ville, ils font penser à un seul et long canal. Il s'agit en fait de cinq bassins de rétention construits au 16e s. sur d'anciennes douves, pour stocker l'eau potable. Désormais, les 6 km de berges ombragées, bordées de sentiers piétons et de pistes cyclables, servent de promenade bucolique et sereine au cœur de la ville *(voir « Copenhague à vélo », p. 10)*.

De Christianshavn à Refshaleøen

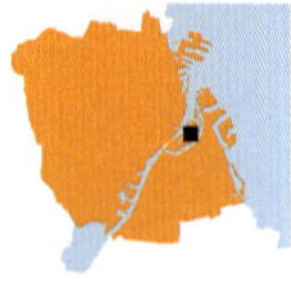

Avec son canal, ses berges pavées et ses belles maisons du 18e s. restaurées, Christianshavn dégage le charme tranquille d'un petit port de la côte danoise. Il est pourtant situé à quelques brasses du centre historique de Copenhague, et il suffit de franchir le pont Inderhasvnbroen pour l'atteindre. Un peu plus loin, vous découvrirez la « ville libre » de Christiania, puis le quartier de Holmen, qui abrite aujourd'hui l'Opéra. Plus au nord, les entrepôts de Refshaleøen constituent un vaste terrain de jeux pour de nouvelles expériences tandis qu'au sud le résidentiel Islands Brygge se développe, les pieds dans l'eau.

▶**Accès :** Ⓜ Christianshavn. ***Plan détachable G-H/4-7.***
▶**Conseil :** c'est la partie de la ville idéale pour tester les bateaux-bus (Havnebus) qui desservent ses différents quartiers.
« Nos adresses » p. 87, 94, 102 et 106.

CHRISTIANSHAVNS KANAL★

G6 Depuis Slotsholmen (île du Château), le **pont Knippelsbro** enjambe le large canal portuaire pour atteindre Christianshavn, la ville fortifiée de **Christian IV**. Ce quartier construit au 17e s. est traversé par un canal, qui avait autrefois pour but de faciliter l'accès au port. Son aspect d'origine a été presque entièrement préservé et ses berges pavées offrent d'agréables promenades le long des quais. **Overgaden neden Vandet** (côté impair) et **Overgaden oven Vandet** (côté pair) prennent l'allure de plages urbaines aux beaux jours, quand les habitants s'installent sur les bancs pour bronzer ou pique-niquer. L'été, on peut même louer des barques (face au n° 29) pour un petit tour agréable.

CIRKELBROEN★

F6 Aisément repérable grâce à ses plates-formes circulaires ourlées de balustrades orange et couronnées de mâts, le **pont Cirkelbroen** (« pont de cercles ») érigé en 2015 enjambe le canal de Christianshavn, face au Diamant noir, prolongeant la promenade des quais vers l'ouest. Réservé aux piétons et aux cyclistes, il a été imaginé par l'artiste danois d'origine islandaise Olafur Eliasson.

ÉGLISE NOTRE-SAUVEUR

(Vor Frelsers Kirke)
G6 *Sankt Annæ Gade 29 - www.vorfrelserskirke.dk - tlj 11h-15h30 - flèche : mai-sept. 9h30-19h (10h30 dim. et j. fériés), reste de l'année*

10h-16h (10h30 dim. et j. fériés), fermé de mi-déc. à fin fév.-mai-sept. 50 DKK (-14 ans 10 DKK), reste de l'année, 35 DKK (-14 ans gratuit). Cet édifice baroque achevé en 1752 est célèbre pour sa flèche en spirale s'élevant à 90 m de hauteur : les amateurs d'émotions fortes et de vues à couper le souffle peuvent grimper l'escalier en colimaçon qui s'enroule à l'extérieur de la flèche !

CHRISTIANIA★

G6-7 *Visite guidée en été tlj à 13h et 15h, reste de l'année le w.-end à 15h (1h-1h30, en anglais) - RV devant l'entrée principale de Christiania sur Prinsessegade - 50 DKK.*

Bon à savoir – Si vous préférez éviter le *Green Light District*, il est possible de pénétrer dans Christiania soit en empruntant le chemin au bord du lac dans le prolongement de Sankt Annæ Gade, soit en remontant par Refshalevej.

Le quartier de Christiania, forteresse alternative, autogérée et écologiste, est la deuxième « attraction touristique » de Copenhague – un million de visiteurs arpentent chaque année ce squat géant, dont notamment des Copenhagois venus simplement se détendre. Ghetto un peu glauque de marginaux et de drogués pour les uns, Christiania fait figure pour les autres de joyeux repaire libertaire débordant de

E. Boucher/Michelin

Dans le quartier de Christiania.

créativité et de fantaisie. Certains « Christianites » considèrent même leur quartier de 22 ha comme une sorte de musée hippie.
L'entrée principale, sur Prinsessegade, débouche sur **Pusher Street** (« rue des dealers »), avec ses quelques étals, ses peintures murales et ses petites boutiques qui vendent des souvenirs siglés des trois points jaunes alignés sur fond rouge, le drapeau du quartier. Plus loin se tient le très controversé *Green Light District*, un marché de cannabis en plein air (les drogues dures sont toutefois bannies). Plus loin, le visiteur découvre un espace vert paisible parcouru de boutiques, d'ateliers, de bars, d'îlots habités qui s'étend vers la gauche le long d'un canal. Celui-ci est traversé par un petit pont qui mène vers l'autre berge, moins peuplée mais tout aussi surprenante. Tous ces miniquartiers, avec leurs bicoques rafistolées, leurs baraques du chantier des origines ou leurs maisons d'architecte écolo font de Christiania un quartier à apprécier dans le détail, à découvrir au fil des sentiers, en évitant les vélos et les célèbres triporteurs, seuls moyens de transport tolérés. Depuis de nombreuses années, la communauté christianite est en conflit avec les autorités pour maintenir son existence. En juin 2012, les habitants ont racheté à l'État une grande partie de leur quartier, dont ils sont désormais propriétaires *via* une fondation commune. Et c'est au nord de Christiania que René Redzepi a installé son nouveau **Noma** *(voir « Nos adresses » p. 87)*.

QUAI DE L'ATLANTIQUE NORD

(Nordatlantens Brygge)

G5 *Strangade 91 - ✆ 32 83 37 00 - www.nordatlantens.dk - 10h-17h, w.-end 12h-17h - 40 DKK (-12 ans gratuit).*

L'ancien comptoir commercial du Groenland, des îles Féroé et de l'Islande, construit en 1767, a été restauré en 2003. Les représentations du Groenland et des îles Féroé, l'ambassade d'Islande, plusieurs organisations liées aux peuples de ces îles et leurs offices de tourisme ont ici leurs bureaux. Des expositions d'artistes de l'Atlantique Nord y sont organisées, tandis que le hall accueille une petite boutique ainsi qu'un café. Désormais relié à Nyhavn par le Inderhavnsbroen *(voir encadré ci-dessus)*, le quai de l'Atlantique nord est devenu un lieu de passage et de sortie très fréquenté, en particulier en fin de journée. Suite à la fermeture

Feue la grande Scandinavie

*Au Folketing (parlement), quatre membres élus représentent le **Groenland** et les **îles Féroé**. Au Moyen Âge, ces deux territoires étaient sous domination danoise, tout comme la Suède, la Norvège, l'Islande et même le sud de la Finlande. Copenhague est alors la capitale de cette grande Scandinavie, dont les territoires gagneront progressivement leur indépendance : Suède (1523), Norvège (1815), Finlande (1918) et Islande (1944). Le Groenland et les îles Féroé font toujours partie du royaume du Danemark, mais ils bénéficient d'une grande autonomie.*

Les nouveaux ponts de Copenhague
Signe des temps, les derniers ponts inaugurés à Copenhague sont réservés aux piétons et aux vélos. C'est le cas du ***Cirkelbroen*** *(voir p. 54). Plus au sud-ouest, le* ***Cykelslangen****, surnommé « pont-serpent » en raison de sa forme, est réservé aux cyclistes. L'ouvrage surélevé, au tracé orangé, relie Vesterbro depuis le centre commercial Fisketorvet (et son cinéma Imax) à l'île de Havneholmen en slalomant à travers les immeubles. Il se prolonge par le* ***Bryggebroen****, permettant d'atteindre Islands Brygge. Offrant un beau point de vue sur le canal, notamment au coucher du soleil, le* ***Inderhavnsbroen****, ouvert en 2016, réunit quant à lui Nyhavn à Christianshavn. Et ce dernier quartier sera également connecté à Slotsholmen via une nouvelle passerelle, devant le Blox (voir p. 34) .*

de la Street Food de Papirøen, un nouveau marché de « cuisine de rue » fait face au pont, le *Bridge Street Kitchen,* et plusieurs bonnes tables ont ouvert *(voir « Nos adresses » p. 94).*

HOLMEN

G-H4 Situé au nord-est de Christianshavn, le quartier de Holmen a abrité le siège de la Marine royale de 1690 à 1993. Largement réhabilité, il regroupe aujourd'hui des zones résidentielles et des institutions culturelles et d'enseignement. Seule l'île de Nyholm au nord reste occupée par les militaires. Il est possible de la visiter librement et d'y admirer les anciennes casernes et plusieurs bâtiments de guerre à quai.

Opéra★★ – Dessiné par l'architecte **Henning Larsen** sur les anciens docks militaires, l'opéra de Copenhague a été inauguré en 2005. L'impressionnant bâtiment dresse ses 14 étages face à la mer, paré d'une grille en acier qui lui vaut d'être surnommé le « grille-pain ». La grande salle peut recevoir jusqu'à 1500 spectateurs.

REFSHALEØEN

H3 *Pour s'y rendre, bus 9A ou bateaux-bus 991-992.*

Bon à savoir – Le vélo est idéal pour explorer Refshaleøen, d'autant plus qu'il est possible d'embarquer celui-ci sur les bateaux-bus.

Au nord de Holmen, ce quartier est en plein renouveau. Ancienne zone industrielle du port de Copenhague, il aligne entrepôts, chantiers navals, bassins, conteneurs… au sein desquels se nichent désormais les pépites de la ville : restaurants prisés, bars et lieux de concerts, spa et sauna *(voir « Nos adresses » p. 94 et 108).*

Reffen – *Refshalevej 167 - https://reffen.dk - marché couvert tlj 11h-21h ; marché extérieur et ateliers avr.-sept. tlj 12h-20h, oct.-avr. w.-end 11h-21h.*
À l'initiative des créateurs de la Street Food de Papirøen (fermée en 2018), ce lieu ouvert en mai 2018 ambitionne de réunir stands de « cuisine de rue », bars mais également ateliers dédiés à l'art et à la création.

Nørrebro et Østerbro

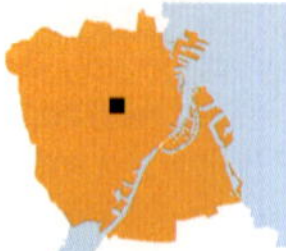

Posés au nord du centre historique, ces deux quartiers voisins n'ont pas grand-chose en commun : prospère et résidentiel, bordé de larges avenues, Østerbro est le quartier des ambassades ; plus remuant et bigarré, longtemps desservi par une réputation sulfureuse, Nørrebro est aujourd'hui surtout connu pour ses adresses branchées, preuve qu'il ne faut pas forcément des flots d'argent pour faire renaître des rues entières. Juste de bonnes idées et beaucoup d'âme.

▶**Accès :** Ⓜ Forum ; Ⓢ Vesterport, Nørrebro, Svanemøllen. Voir aussi le circuit à vélo proposé p. 10. ***Plan détachable B-D/1-3.***
▶**Conseil :** c'est surtout l'été qu'Østerbro mérite la visite, quand son vaste parc, Fælledparken, devient le rendez-vous des joggeurs, pique-niqueurs et autres adeptes du farniente au soleil.
« Nos adresses » p. 87, 95, 104 et 106.

NØRREBRO★

B-D/1-3 Cet ancien quartier populaire est désormais l'un des fiefs de la jeunesse branchée et des familles bobos, que vous croiserez sur **Elmegade**, l'une des rues symboles de ce quartier au charme bohème, dont la population reste encore assez mixte. La promenade dans le quartier est agréable, avec une farandole de restaurants, cafés et boutiques dans l'air du temps. Sur **Ravnsborggade**, vous trouverez une douzaine d'antiquaires, les derniers à résister au mouvement de gentrification qui entraîne la disparition des anciens commerces au profit des boutiques branchées.

Assistens Kirkegård★ (cimetière de l'Assistance) ***B-C/2-3*** – *Kapelvej 2, accès par Nørrebrogade, Kapelvej et Jagtvej*. Voici le plus célèbre cimetière de Copenhague, une halte bucolique au cœur de la ville, où sont inhumés **Hans Christian Andersen** et **Søren Kierkegaard★** *(voir p. 136)* ainsi que l'écrivain Martin Andersen, plus connu sous le nom de Nexø. La plupart des allées sont réservées aux piétons, mais deux d'entre elles (les principales) sont accessibles aux vélos *(plan détaillé à l'entrée)*. L'endroit est tellement paisible et agréable qu'il n'est pas rare d'y croiser des habitants en train de pique-niquer aux beaux jours !

Jægersborggade *B2* – Cette rue pavée est très en vogue. L'installation en 2010 du restaurant Relæ *(voir « Nos adresses » p. 88)*, tenu par un ancien second du Noma, a marqué la renaissance de cette rue et, dans une moindre mesure, celle des alentours immédiats. On y trouve désormais

Promeneurs le long de Sortedam Dossering, dans Nørrebro.
M. Carassale/Sime/Photononstop

Nørrebro bobo

Aujourd'hui à la pointe des quartiers en vogue de Copenhague, Nørrebro a longtemps souffert d'une mauvaise réputation. Plus connu pour ses trafics en tout genre que pour ses boutiques de mode, surnommé « Nørrebronx », le quartier abritait aussi la Ungdomshuset (maison de la Jeunesse) depuis 1897. Ce haut-lieu culturel, siège du Parti socialiste, vit non seulement défiler le gratin du socialisme mondial (de Lénine à Rosa Luxemburg), mais aussi de mémorables concerts (Nick Cave, Björk...). Abandonné, il fut longtemps squatté et sa destruction, en 2007, provoqua de graves émeutes. Ce fut aussi le début d'une nouvelle ère pour le quartier, qui vit arriver des jeunes plein d'enthousiasme, attirés par des loyers modérés et la proximité du centre-ville. Pionnier, le Coffee Collective s'installa sur Jægersborggade, rapidement suivi par Christian Puglisi, l'un des seconds du célèbre restaurant Noma. Le jeune chef du Relæ est désormais étoilé au Guide Michelin. Et Jægersborggade figure dans tous les (bons) guides de voyage!

des adresses branchées, cantines bio, boutiques de créateurs, commerces gourmands et jeunes artisans *(voir « Nos adresses » p. 104).*

Sortedam Dossering ***D2-3*** – Cette promenade bucolique au fil des sentiers piétons et cyclistes qui longent les lacs artificiels *(voir aussi p. 53)* permet de passer agréablement du quartier de Nørrebro à celui d'Østerbro.

ØSTERBRO

D-E1 Plus sage que Nørrebro, et nettement plus cossu, cet agréable quartier résidentiel s'étend au nord-ouest de Copenhague.

Fælledparken ***Hors plan*** Le plus grand parc de la capitale est un peu le Central Park local, très animé l'été avec ses vastes pelouses, où des concerts sont régulièrement organisés.

Musée zoologique (Zoologisk Museum) ***Hors plan*** *Au nord-est de Fælledparken. Universitetsparken 15 (bus 8A, 42, 43, 184, 185) – ✆ 35 32 22 22 - www.zoologi.snm.ku.dk - tlj sf lun. 10h-16h - fermé 1er janv., 24, 25, 31 janv. - 95 DKK (3-16 ans 50 DKK) - billet combiné avec le Musée géologique (voir p. 52).*

La star du musée s'appelle Misty, un dinosaure de 17 m de long. Mais ce n'est que l'un des trésors qui impressionnera les petits et les plus grands, parmi les nombreux squelettes d'animaux, d'autant qu'il est possible d'examiner de près et de toucher la plupart des pièces.

Experimentarium★ ***Hors plan*** *Tuborg Havnevej 7 (S-Tog Svanemøllen, Hellerup puis 15mn à pied; bus 1A, 21) – ✆ 39 27 33 33 - www.experimentarium.dk - ♿ - tlj 9h30-17h, jeu. 9h30-20h, w.-end 10h-17h - fermé 1er janv., 23-25 et 31 janv. - 195 DKK (3-11 ans 115 DKK).*

Les deux étages et la terrasse desservis par un double escalier spiroïdal de ce vaste bâtiment moderne sont dédiés à la découverte et à la science. Les très nombreuses activités proposées aux enfants couvrent tous les domaines : le corps, l'environnement, la technique, etc.

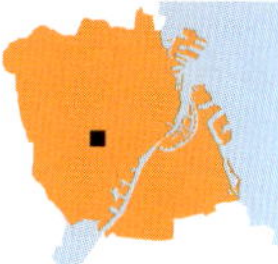

Vesterbro et Frederiksberg

Préférerez-vous le côté alternatif de Copenhague ou son visage plus bourgeois ? Le premier se dévoile dans l'ancien quartier des abattoirs, Vesterbro, aujourd'hui colonisé par les restaurants et les boutiques en vogue. Sage et cossu, Frederiksberg n'est pas moins agréable, avec ses longues avenues pimpantes et son poumon vert, Frederiksberg Have, un grand parc romantique.

▶**Accès :** Ⓜ Frederiksberg ; Ⓢ København H, Dybbelsbro.
Plan détachable A-D/6-8.
▶**Conseil :** même si le quartier évolue, mieux vaut, le soir, éviter l'avenue Istegade, l'un des hauts-lieux de la prostitution.
« Nos adresses » p. 90, 96, 105, 106 et 111.

VESTERBRO

B-D/7-8 L'ancien quartier des Halles, à l'ouest de la gare centrale, a longtemps été une zone industrieuse, voire mal famée, en particulier autour d'**Istedgade**, une grande artère animée qui se prolonge jusqu'à la gare. L'endroit est aujourd'hui largement réhabilité, à commencer par **Øksnehallen** : cet ancien marché au bétail est maintenant dédié à la culture avec lieux d'expositions, salles de danse et théâtre. Tout proche, le DGI-Byens est un centre de conférences et un complexe sportif réunissant hôtel, restaurant, café, piscine intérieure, bowling et gymnase.

KØDBYEN

(Quartier des abattoirs)
C7 *Au sud de l'av. Halmtorvet.*
Également surnommé *Meatpacking District* par les habitants, cette friche industrielle concentre aujourd'hui un nombre impressionnant de restaurants, parmi les plus branchés de la capitale. Ne vous fiez pas à l'allure morne du site en dehors des heures de repas. Il s'anime pour le déjeuner et le dîner, parfois même fort tard dans la nuit *(voir « Nos adresses » p. 90)*. L'œil attentif discernera aussi dans ces bâtiments construits dans les années 1930 – une ville

Frederiksberg, une ville dans la ville

Ne soyez pas étonné si l'on vous parle de la ville de Frederiksberg. C'est bien ici ! Frederiksberg est une ville dans la ville, dotée de son propre gouvernement. Cette situation remonte à 1901, quand la fusion de petites communes a laissé Frederiksberg totalement enclavée par Copenhague.

dans la ville – un exemple abouti d'architecture fonctionnaliste.

FREDERIKSBERG

A-B/6-7 On accède facilement à ce faubourg cossu, par Vesterbrogade, puis par Frederiksberg Allé, qui conduisent directement à **Frederiksberg Have**, traversé par un pittoresque canal sinueux.

TYCHO BRAHE PLANETARIUM

C6 *Gl. Kongevej 10 - ✆ 33 12 12 24 - www.planetariet.dk - lun. 12h-19h10, mar.-jeu. 9h30-19h10, vend.-sam. 10h30-20h30, dim. 10h30-19h10 - 160 DKK (3-11 ans 99 DKK).* Une fois dans ce lieu baptisé en hommage au plus célèbre astronome danois (1546-1601), il est bien agréable de se laisser emporter par le gigantisme des films Imax, d'autant que chaque projection démarre avec un spectaculaire film en 3D sur le système solaire *(15mn)*. C'est encore plus sympathique pour les porteurs de la Copenhagen Card *(voir p. 3)*, qui ne paieront pas l'entrée. Le bâtiment abrite par ailleurs une petite exposition dédiée aux planètes, avec quelques effets spéciaux amusants.

T. Ibsen/Kødbyens Fiskebar Copenhagen

Un restaurant dans le quartier des abattoirs.

VÆRNEDAMSVEJ

B-C6 Bien dans l'esprit chaleureux, mais élégant, de Frederiksberg, cette petite rue bordée de jolies adresses est parfois décrite comme « la plus française » de Copenhague, une référence à ses terrasses de bistrots qui lui donnent un petit parfum parisien (*voir « Nos Adresses » p. 96*).

FREDERIKSBERG HAVE

A6-7 *Plusieurs entrées, dont la principale se situe sur Frederiksberg Allé - tlj déb. mai à mi-juin : 6h-22h ; mi-juin à mi-août : 6h-23h ; mi-août à fin août : 6h-22h ; sept. et avr. : 6h-21h ; oct. et mars : 6h-19h ; nov. et fév. : 6h-18h ; déc.-janv. : 6h-17h - tour du lac en bateau à rames : mai-sept. 10h-17h, w.-end. 12h-18h, env. 20mn, 45 DKK/pers. (enf. 30 DKK).* L'un des grands attraits de Copenhague, l'été, réside dans son art de vivre dans les jardins publics. Romantique et paisible, ce vaste parc de 31 ha se prête bien aux pique-niques et aux longues flâneries, avec ses grandes pelouses, ses canaux, ses lacs et ses îles, dégageant des vues sur le château baroque de Frederiksberg, perché sur une colline Une promenade en bateau permet d'en faire le tour et d'apercevoir le pavillon chinois construit en 1799 sur une île, un caprice du roi de l'époque qui voulait une maison de thé. Comme lui, on peut y boire un thé *(mai-sept. : dim. 12h-18h)*. Autres surprises qui raviront les enfants : une piste de patin à glace *(en hiver)* et un ferry à cordes permet de rejoindre l'île aux hérons *(mai-oct. : dim. 14h-16h)*.

ZOO

Hors plan *Roskildevej 32 - ✆ 72 20 02 00 - www.zoo.dk - de fin juin à mi-août : 9h-20h ; vac. de Pâques, juin et mi-août à fin août : 9h-18h ; avr.-mai et sept. : 9h-17h (18h w.-end et 11 mai) ; oct. : 10h-17h ; mars : 10h-16h (17h w.-end) ; nov.-fév. : 10h-16h ; 24 et 31 déc. : 10h-14h - 180 DKK (195 DKK du 1er au 12 août, 3-11 ans 100 DKK).*
Il abrite plus de 3000 animaux d'Europe du Nord et du reste de la planète. Au fil de la journée, on peut assister au spectacle des otaries *(11h)*, au déjeuner des chimpanzés *(13h)* et à de fréquentes animations *(programme complet sur le site Internet)*. Ne manquez ni la maison des Éléphants, dessinée par Norman Foster, ni le nouveau bâtiment du Cercle arctique, ouvert en 2013 et peuplé d'ours polaires. Du haut de la tour du zoo (1905), la vue porte, par temps clair, jusqu'aux falaises de Stevns, situées 40 km au sud.

VISIT CARLSBERG★

A8 *Gamle Carlsberg Vej 11 (S-Tog Carlsberg, puis 5mn à pied ; navette gratuite depuis la gare centrale) - ✆ 33 27 13 98 - www.visitcarlsberg.dk - ♿ partiellement - mai-sept. : tlj 10h-18h ; oct.-avr. : tlj sauf lun. 10h-17h - 100 DKK (6-17 ans 70 DKK).*
Bien qu'excentrée, nous vous conseillons la visite de l'imposant siège historique du quatrième brasseur du monde. Ce n'est pas la dégustation incluse dans le prix d'entrée, ni même le contenu, sympathique, de la visite elle-même (impressionnante collection de bouteilles, reconstitution d'anciennes cuves, écuries des chevaux de race tirant les carrioles de livraison...) qui nous semblent valoir ce détour, mais le site lui-même. Ce gigantesque complexe juxtapose les bâtiments historiques bâtis depuis la création de l'entreprise, en 1847 (la visite se concentre dans une ancienne halle aux grains réaménagée), et les édifices contemporains, dont un vaste ensemble de logements et bureaux en cours de construction. Cette démesure témoigne du poids économique de l'entreprise fondée par **Jacob Christian Jacobsen**, tout comme, et dans un autre genre, l'incroyable richesse de la collection d'art léguée par son fils Carl à la Glyptothèque *(voir p. 38)*. Ne partez pas, enfin, sans jeter un coup d'œil à l'étonnante porte aux Éléphants, une commande de Carl Jacobsen, à l'architecte Vilhelm Dahlerup, en 1901.

Île d'Amager★

Porte d'entrée du Danemark avec l'aéroport international de Kastrup et le pont de l'Øresund vers la Suède, cette île du sud de Copenhague est aisément accessible. Une chance, car elle offre de belles échappées au grand air, avec ses plages de sable bien aménagées, et, un peu plus loin, la ville historique de Dragør, son port aux allures de carte postale et ses ruelles pleines de charme.

▶**Accès :** l'île d'Amager est bien desservie par les lignes M1 et M2 du métro. ***Carte Sjælland p. 66.***

▶**Conseil :** l'été, faites comme les Copenhagois : allez piquer une tête sur les plages d'Amager, à quelques stations de métro seulement du centre-ville !

« Nos adresses » p. 91 et 106.

ISLANDS BRYGGE

Au sud de Christianshavn, Islands Brygge (le « quai de l'Islande ») permet une jolie promenade le long du canal. Aux beaux jours, une foule s'y presse pour profiter du soleil et pique-niquer sur les pelouses, se baigner ou faire du bateau *(voir p. 116).*

Islands Brygge Havnebadet – *Islands Brygge 14 - https://svoemkbh.kk.dk - juin-sept. tlj 24h/24, surveillé de 11h à 19h - 40 DKK (-7 ans 20 DKK).* Ces bains portuaires proposent cinq piscines, dont deux réservées aux enfants, ainsi que des plongeoirs.

PARC BALNÉAIRE D'AMAGER

(Amager Strandpark)

6 km au sud-est du centre (300 m au sud-est du métro Øresund, ligne M2) - www.kk.dk/amagerstrandpark.

Métro, boulot... plage ! L'été, il suffit de 15mn et quelques stations de métro pour passer de la ville à la plage (de sable). Fondé en 1934, ce parc balnéaire a été réaménagé en 2005. La construction d'une île artificielle a permis la création d'un lagon où pratiquer les sports nautiques. Terrains de sport et nombreux cafés en saison.

SALLE SYMPHONIQUE

(Koncerthuset)

Voir Nos adresses p. 107.

Cet immense cube bleu, conçu par Jean Nouvel (2009), a suscité une certaine polémique, surtout à cause de son prix. Il accueille aujourd'hui des concerts.

LA PLANÈTE BLEUE★

(Den Blå Planet)

Jacob Fortlingsvej 1 (700 m au nord-est du métro Kastrup, ligne M2) - 44 22 22 44 - www.denblaaplanet.dk - - lun. 10h-21h, mar.-dim.

10h-17h - 170 DKK (3-11 ans 95 DKK). L'architecture extérieure de cet aquarium géant, le plus grand d'Europe du Nord, en forme de spirale de nautile ou de tourbillon, est très réussie. La Planète bleue affiche en outre de belles mensurations : 15 000 m² de superficie, 7 millions de litres d'eau sur 70 bassins, plus de 20 000 animaux parmi lesquels requins, otaries, raies mantas, oiseaux marins des îles Féroé... L'été, prévoyez un pique-nique : vous pourrez le déguster sur les tables des agréables terrasses installées à l'arrière de l'aquarium, face aux eaux du détroit de l'Øresund. Vous pouvez également vous restaurer au café de l'aquarium qui profite du même panorama.

PONT DE L'ØRESUND★★

(Øresund Broen)

10 km au sud-est du centre - www.oresundsbron.com - péage : 50/100 DKK. Prouesse technologique et architecturale, ce **pont-tunnel** inauguré en 2000 relie les deux rives de l'Øresund, le détroit séparant le Danemark et la Suède. Longue de 16 km, cette liaison fixe comprend une autoroute et une ligne de chemin de fer parallèles, qui empruntent un tunnel jusqu'à l'île artificielle de Pederholm, au milieu du détroit, puis un **pont à haubans** à deux niveaux (routier au niveau supérieur, ferroviaire dessous) jusqu'à la gare de péage de Lernacken, au sud de Malmö. Emprunté chaque jour par plus de 70 000 personnes, l'ouvrage a permis un développement sans précédent de toute la région

Voir aussi p. 79.

DRAGØR★

13 km au sud du centre (bus 81N ou 350S, compter env. 40mn du centre-ville).

Un havre de paix ! Cette petite ville côtière est située sur les rives de l'Øresund, à l'extrémité méridionale de l'île d'Amager, tout près de l'aéroport international de **Kastrup**. Elle a su conserver sa tradition maritime héritée du Moyen Âge, quand la pêche et le commerce du hareng étaient la ressource principale. Plus tard, Dragør devint l'un des plus importants ports de commerce du pays. Aujourd'hui, ses activités se résument à un service régulier de ferry avec la Suède et, toujours, la pêche.

Musée de Dragør – *Havnepladsen - Strandlinien 4 - ✆ 330 10 88 66 - www.museumamager.dk - de déb. juil. à mi-août : tlj sf lun. 12h-16h ; de mi-avr. à fin avr., juin et de mi-août à fin sept. : merc.-dim. 12h-16h ; mai : w.-end 12h-16h - 60 DKK (-18 ans gratuit).* Un entrepôt restauré, datant de 1682, abrite ce musée qui présente une intéressante collection et des reconstitutions d'intérieurs de maisons de marins et de pêcheurs. Un grand nombre d'entre elles, maintenant classées, ont été conservées le long des étroites ruelles pavées entourant le port ; la plupart sont peintes en jaune, certaines ont un toit de chaume, d'autres sont couvertes de tuiles rouges.

SJÆLLAND
0
10 km
COPENHAGUE
★★★ Vaut le voyage
Arken
★★ Mérite un détour
Helsingør
★ Intéressant
Lyngby
À voir
N
Gilleleje
Tisvildeleje
237
KRONBORG
Helsingør
Arresø
6
HELSINGBORG
SUÈDE
E4
E6
E20
FREDERIKSBORG
Roskilde
16
MUSÉE LOUISIANA D'ART MODERNE
152
Ven
Landskrona
Musée Karen Blixen
Fjord
6
Lyngby
Frilandsmuseet
ØRESUND
Ordrupgård
MUSÉE DES BATEAUX VIKINGS
COPENHAGUE
21
Roskilde
Koncerthuset
Den Blå Planet
Øresund Broen
E 20-E 47-E 55
Arken
Amager
Saltholm
6
Dragør
MALMÖ
Køge Bugt

Aux alentours

Si votre séjour vous en laisse le temps, n'hésitez pas à pousser l'exploration au-delà de Copenhague pour découvrir le Sjælland, la plus grande des îles danoises, sur laquelle est située la capitale du royaume. Cette proximité a entraîné l'implantation des plus beaux châteaux royaux et des musées les plus prestigieux. Dans un rayon de 50 km autour de Copenhague, tous sont très faciles d'accès. En chemin, vous découvrirez les superbes paysages du Sjælland, très variés : de magnifiques forêts de hêtres, des lacs, des fjords profonds et de belles plages.

▶**Accès :** l'un des grands atouts du Sjælland est la facilité avec laquelle on peut y circuler en transports en commun depuis Copenhague. Vous trouverez ci-dessous les indications précises pour chaque site proposé à la visite.
Carte Sjælland ci-contre.
▶**Conseil :** comme à Copenhague, la plupart des musées et châteaux sont fermés le lundi.
« Nos adresses » p. 91 et 105.

LES PLUS BEAUX MUSÉES

MUSÉE LOUISIANA D'ART MODERNE★★★

(Louisiana Museum for Moderne Kunst)

À Humlebæk, 40 km au nord de Copenhague - de la gare centrale : compter 35mn en train jusqu'à la gare d'Humlebæk, puis 10mn de marche - Gl. Strandvej 13 - ✆ 49 19 07 19 - www.louisiana.dk - ♿ - mar.-vend. 11h-22h, w.-end et j. fériés 11h-18h - fermé 1er janv., 24-25 et 31 déc. - 125 DKK (-18 ans gratuit).

L'un des musées les plus prestigieux d'Europe du Nord : fondé en 1958 par Knud W. Jensen, un riche industriel, qui cherchait un lieu idyllique pour abriter sa collection personnelle. Ce musée est notamment remarquable pour son site : le parc aux grands arbres, avec en toile de fond l'immense étendue marine de l'Øresund, accueille des sculptures monumentales de **Arp, Calder, Ernst, Dubuffet** ou **Henry Moore**.

Les bâtiments qui abritent les collections tirent parti du cadre naturel qui est, pour ainsi dire, incorporé à l'architecture. Le verre est largement utilisé pour faire la liaison entre les bâtiments, d'inspiration architecturale japonaise, et leur environnement.

Tous les grands noms de l'art du 20e s. sont ici représentés par des œuvres majeures dressant ainsi un panorama complet de toutes les tendances de l'art moderne : Picasso et Matisse côtoient de superbes sculptures de Germaine Richier ; les sculptures d'**Alberto Giacometti** sont magnifiées par des salles que d'immenses panneaux de verre ouvrent largement sur le lac de Humlebæk. La part belle est faite à l'abstraction (Richard Mortensen) et au pop art (Andy Warhol, Roy Liechtenstein). Ce sera peut-être l'occasion de découvrir les peintures d'un artiste danois contemporain, **Per Kirkeby** (né en 1938), représenté par une série de paysages qu'il faut prendre le temps d'observer, de près, puis de loin lorsque les taches de couleur se muent en paysages dotés d'une étonnante profondeur.

Le musée organise régulièrement des expositions temporaires et le lieu est également ouvert à d'autres formes d'expression artistique : cinéma, théâtre, musique et ballet. Le café dominant la mer déploie aux beaux jours ses tables dans le parc. À la boutique-librairie, outre les livres d'art, nombre d'objets représentatifs du design danois.

MUSÉE DES BATEAUX VIKINGS★★★

(Vikingeskibsmuseets)

À Roskilde, 35 km à l'ouest de Copenhague - de la gare centrale, compter 30mn en train jusqu'à la gare de Roskilde, puis 20mn de marche (ou bus 203 de la gare)- Vindeboder 12 - ☏ 46 30 02 00 - www.vikingeskibsmuseet.dk/fr (en français) - mai-oct. et vac. scol. : 10h-17h ; reste de l'année : 10h-16h - possibilité de visite guidée en anglais mai-oct. et vac. scol., 45mn - fermé 24-25 et 31 déc. - 130 DKK (-18 ans gratuit) ; 90 DKK quand horaires restreints.

Logé dans un édifice moderne au bord du fjord, ce musée a été fondé pour abriter les épaves de cinq navires vikings découverts en 1962 au fond du fjord, à 20 km au nord de Roskilde. Ils avaient été coulés vers l'an 1000 pour protéger la ville des incursions de pirates, probablement norvégiens. Un film de 15mn explique comment ces épaves furent remontées puis traitées et enfin reconstituées morceau par morceau.

Largement ouvert sur le fjord par une baie vitrée, le musée est construit sur plusieurs niveaux sans cloisonnement, ce qui offre des vues différentes sur les bateaux : un navire marchand de 16,50 m de longueur servant au commerce avec les pays

Naviguer sur le fjord de Roskilde

Durant la saison navigable (mai-sept.), il est possible de faire des sorties sur le fjord de Roskilde à bord des bateaux scandinaves traditionnels exposés dans le musée des Bateaux vikings. La sortie dure 50mn et chacun participe à la manœuvre (100 DKK en plus du billet d'entrée). Moins fatigant, une compagnie privée propose aussi des excursions en bateau, à moteur celui-là, pour découvrir les paysages du fjord : M/S Sagafjord - ☏ 46 75 64 60 - http://sagafjord.dk - à partir de 125 DKK (-10 ans gratuit) - possibilité de repas à bord.

Alexander Calder, The Calder Terrace, the mobile Little Janey-Waney, 1964-76, musée Louisiana d'Art moderne.

lointains ; un autre, plus petit, utilisé pour naviguer sur la Baltique et le long des rivières ; un bateau de pêche (le plus court de tous) ; un vaisseau de guerre ; et un autre, impressionnant, utilisé pour les raids le long des côtes d'Europe occidentale. Le musée comprend également une exposition sur la société viking.

Le **chantier naval** est accessible aux visiteurs qui peuvent voir construire la copie d'un bateau viking selon les méthodes d'autrefois. En été, des ateliers y sont organisés : le public est invité à s'essayer aux anciennes techniques, de la menuiserie à la corderie et à la fabrication des voiles. En outre, vous pouvez naviguer sur un bateau viking reconstitué et vous exercer au maniement en cadence des rames. Dans l'atelier archéologique, on traite des épaves retrouvées dans le port durant la construction de l'île artificielle qui abrite le musée.

Une journée à Roskilde

Profitez de votre visite de l'impressionnant musée des Bateaux vikings pour explorer ***Roskilde★★*** *: l'ancienne capitale du Danemark occupe un site splendide, au fond d'un fjord long et étroit. C'est aujourd'hui une tranquille ville de province, une importante cité commerçante mais aussi un centre culturel doté d'une université. Roskilde accueille en juillet le plus grand festival de rock européen.*

Place du Marché *(Stændertorvet) – C'est l'âme et le cœur de la ville, lieu où convergent les deux rues piétonnes commerçantes, Skomakergade et Algade. Construit en brique, le massif hôtel de ville (rådhus) néogothique surveille un marché animé (merc. et sam. mat.). Sur la gauche de la cathédrale, dans Sankt Ols Gade, le musée de Roskilde évoque l'archéologie, l'histoire et la vie quotidienne de la ville. Au fond de la place, une large porte cochère marque l'entrée du palais de Roskilde, édifié en 1736 par le roi Christian VI. Ce bâtiment jaune vif abrite un petit musée d'art contemporain. Le passage par l'arcade d'Absalon rejoint la cathédrale.*

Cathédrale★★★ *(Domkirke) – ✆ 46 35 16 24 - www.roskildedomkirke.dk - mai et sept. : lun.-sam. 10h-17h, dim. et j. fériés 13h-16h ; juin-août. : lun.-sam. 10h-18h, dim. 13h-16h et j. fériés 13h-18h ; oct.-avr. : lun.-sam. 10h-16h, dim. et j. fériés 13h-16h - accès à la nef, l'autel et la chapelle St-André : gratuit, reste de l'église : 60 DKK (-18 ans gratuit). Bâtie en briques rouges et surmontée de tours jumelles, la cathédrale, inscrite au patrimoine mondial de l'Unesco, est le symbole du passé glorieux de Roskilde. Elle se dresse au centre de la ville, à proximité immédiate de la place du marché. Elle est à la fois de style roman et gothique primitif car les travaux, commencés en 1170 par l'évêque Absalon, ne furent terminés qu'au 13e s. Les deux tours furent érigées au 14e s. et surmontées par la suite de flèches élancées recouvertes de cuivre vert. L'entrée se situe au sud. À l'intérieur, les voûtes blanchies à la chaux accroissent l'impression d'espace et d'élévation ; la nef, flanquée de deux bas-côtés, est prolongée par une large abside. L'absence de croisée est compensée par un grand nombre de chapelles latérales, souvent très vastes et ornementées.*

Pour en savoir plus sur la civilisation viking, voir p. 130.

ARKEN – MUSÉE D'ART MODERNE★★

(ARKEN - Museum for ModerneKunst)

À Ishøj, 19 km au sud-ouest du centre - de la gare centrale : S-train jusqu'à Ishøj (env. 25mn), puis bus 128 - Skovvej 100 - 43 54 02 22 - www.arken.dk - - tlj sf lun. 10h-17h (21h merc.) - fermé 1er janv., 24-25 et 31 déc. - possibilité de visite guidée en anglais - 115 DKK (-18 ans gratuit).

Les formes anguleuses et la masse blanche du musée évoquent la silhouette d'un bateau émergeant derrière les dunes. L'architecture du bâtiment, inauguré en 1996, année où Copenhague était capitale européenne de la Culture, joue un rôle primordial dans l'expérience du visiteur. Son auteur **Søren Robert Lund** est resté fidèle à l'inspiration nautique dans l'aménagement intérieur, avec ses passerelles de métal, ses portes agrémentées de boulons et une longue nef centrale incurvée, appelée « axe de l'art » et principal espace d'exposition ; il y a également trois autres salles, un auditorium et un café aux murs de verre regardant la mer. La vue englobe quelques cheminées d'usines et des groupes d'éoliennes. Les expositions temporaires accueillent des œuvres d'art contemporain danois, nordique et international provenant des 26 musées d'art du pays. La petite collection permanente s'agrandit sans cesse, car le musée achète les œuvres les plus récentes (surtout de la peinture danoise). Les dernières acquisitions sont exposées dans le foyer, au printemps.

ORDRUPGAARD★★

À Charlottenlund, 18 km au nord du centre - de la gare centrale : S-train jusqu'à Klampenborg ou Lyngby Station (env. 50mn), puis 30mn de marche (ou bus 388 jusqu'à Vilvordevej) - Vilvordevej 110 - 39 64 11 83 - https://ordrupgaard.dk - Le musée est fermé jusqu'en 2019. Vérifiez sur le site Internet les conditions de réouverture.

Abritée par un écran de vieux hêtres, cette imposante demeure fut construite en 1918 par l'homme d'affaires Vilhlem Hansen pour abriter son exceptionnelle collection d'art français et danois des 19e et 20e s. En 1951, les biens et les collections furent légués à l'État et la demeure transformée en musée. Une extension à la belle façade de pierre et de verre, signée par l'architecte Zaha Hadid, a été inaugurée en 2005.

Collection danoise – Exposée au rez-de-chaussée du bâtiment principal, elle compte des œuvres de la plupart des artistes danois importants du 19e s. : Christen Købke, Johan Thomas Lundbye, Vilhelm Hammershøi, le peintre fionien Johannes Larsen, Theodor Philipsen, la famille Skovgaard, L. A. Ring et Peter Hansen, ami de Vilhelm Hansen.

Collection française – Elle est présentée dans une galerie contiguë au bâtiment principal. Outre les impressionnistes, vous verrez des toiles de la plupart des grands peintres français du 19e s. et du début du 20e s. : Corot *(Le Pont à Mantes, Route de campagne, Souvenir des environs d'Amiens)*, Delacroix *(George Sand)*, Manet *(Femme attachant sa jarretière)*, Degas *(Femme assise sur un balcon, Trois Danseuses)*, Monet *(Le Pont de Waterloo)*, Pissarro *(Pruniers en fleur)*, Renoir (*Moulin de la Galette*, étude pour le tableau éponyme du musée d'Orsay à Paris), Gauguin *(Arbres bleus, Femme tahitienne)*.

MUSÉE KAREN BLIXEN★

(Karen Blixen Museet)

À Rungsted, 30 km au nord du centre - depuis la gare centrale : prendre le S-train jusqu'à Rungsted Kyst (env. 30mn), puis 15-20mn de marche (suivre les panneaux) - Strandvej 111 - ✆ 45 57 10 57 - http://blixen.dk - ♿ partiellement- - juil.-août : 10h-17h; mai-juin et sept. : tlj sf lun. 10h-17h; reste de l'année : merc.-vend. 13h-16h, w.-end 11h-16h. - fermé 1er janv., lun. de Pâques, lun. de Pentecôte, 28-29 oct., 24-26 et 31 déc. - 100 DKK (-14 ans gratuit) - possibilité de visite guidée en français (se rens.).

Charmante station balnéaire située sur les rives de l'Øresund, Rungsted est surtout connue grâce à **Karen Blixen** (1885-1962), qui y est née *(voir p. 137)*. Sa maison natale a été transformée en musée. Relativement célèbre de son vivant, l'écrivain connut une notoriété mondiale posthume, quand son livre autobiographique, *La Ferme africaine*, a été adapté à l'écran en 1985 avec Robert Redford et Meryl Streep *(Out of Africa)*.

Après une évocation de la vie et de l'œuvre de l'écrivain à travers des photographies, des éditions de ses livres et des objets personnels comme sa vieille machine à écrire Corona, la visite des appartements permet de découvrir meubles, souvenirs d'Afrique (dont le Gramophone que lui offrit son amant), huiles et dessins qui démontrent qu'elle avait un beau coup de crayon... ainsi que la chambre, conservée en l'état, du poète **Johannes Ewald** qui fut un client assidu à la fin du 18e s. La maison de l'écrivain fut en effet une ancienne auberge, du nom de Rungstedlund, avant d'être rachetée par la famille Blixen.

L'agréable café-pâtisserie du musée déploie aux beaux jours ses tables derrière la maison, dans un jardin fleuri agrémenté d'un lac que franchit un petit pont de bois. Ne manquez pas de faire quelques pas dans ce parc classé **réserve ornithologique**.

MUSÉES DE LYNGBY

17 km au nord du centre - de la gare centrale, S-train (env. 20mn) jusqu'à la gare de Lyngby.

Cette petite ville occupe un agréable site boisé, agrémenté de lacs; c'est un point de départ idéal pour découvrir les paysages attrayants et variés du nord du Sjælland. Les trois lacs les

Musée des Bateaux vikings à Roskilde.

plus proches de la ville sont reliés par une rivière, la Mølle, sur les rives de laquelle s'élevaient autrefois moulins, fonderies de cuivre et usines textiles. Certains ont été restaurés, tels le moulin à eau près de Lyngby Hovedgade et l'usine textile de Brede au nord de Lyngby.

Musée de Brede (Brede Vaerk) – *I. C. Modewegsvej - ☏ 33 13 44 11 - www.natmus.dk/museerne/brede-vaerk - ♿ - mai-oct. : w.-end et 5 juin, 10h-17h - gratuit - possibilité de visite guidée en anglais chaque dim. en juin-août (se rens.).* Cette annexe du Musée national présente une exposition permanente sur les débuts de l'industrie danoise.

Musée de plein air★ (Frilandsmuseet) – *Kongevejen 100 - ☏ été : 41 20 64 55 ; hiver : 33 13 44 11 - www.natmus.dk/museerne/frilandsmuseet - ♿ - de déb. juil. à mi-août : tlj sf lun. 10h-17h ; Pâques, mai-juin et mi-août à mi-oct. : tlj sf lun. 10h-16h - gratuit - possibilité de visite guidée en anglais (se rens.).* Ce musée de plein air présente la vie rurale aux 18e et 19e s. Sur un terrain de 35 ha, une centaine de bâtiments provenant du Sjælland, du Jutland et de la Fionie, mais aussi de Suède et des îles Féroé, ont été remontés avec le souci de reconstituer autant que possible leur environnement d'origine.

MUSÉE DANOIS DE LA MARINE

(Museet for Søfart)

À Elseneur (Helsingør), 45 km au nord du centre - à 5mn de marche du château de Kronborg (voir ci-dessous pour les conseils d'accès) - Ny Kronborgvej 1 - ☏ 49 21 06 85 - http://mfs.dk - ♿ - juil.-août : 11h-18h, sept.-juin : tlj sf lun. 11h-17h - fermé 1er janv., 22-26 et 31 déc. - 110 DKK (-18 ans gratuit). Proche du château de Kronborg, ce musée dû à l'architecte danois Bjarke Ingels occupe un espace en forme de coque de navire, creusé sous le niveau de la mer. Inauguré en 2013, il évoque, à travers une muséographie interactive et moderne, l'histoire maritime du pays, des drakkars vikings jusqu'aux chantiers navals Burmeister & Wain, en passant par l'épopée de la Compagnie danoise des Indes orientales.

Au bout du quai trône un petit triton sur son rocher : il s'agit de **Han** (« lui » en danois), le pendant masculin de la *Petite Sirène* de Copenhague *(voir p. 45)*. Cet éphèbe au regard mélancolique et dans le plus simple appareil, sculpté dans un acier inoxydable, poli et miroitant, est l'œuvre du facétieux duo d'artistes scandinaves **Elmgreen & Dragset**. Prenez le temps de bien l'observer : grâce à un système hydraulique dissimulé à l'intérieur, la statue ferme les yeux pendant une fraction de seconde toutes les trente minutes.

LES PLUS BEAUX CHÂTEAUX

CHÂTEAU DE KRONBORG★★★

(Kronborg Slot)

À Elseneur (Helsingør), 45 km au nord du centre - de la gare centrale : train jusqu'à la gare d'Elseneur (env. 30mn, puis 15mn de marche) - ✆ 49 21 30 78 - www.kronborg.dk - ♿ - juin-sept. : 10h-17h30 ; avr.-mai et oct. : 11h-16h ; reste de l'année : tlj sf lun. 11h-16h - fermé 1er-2 janv., 24-25 et 31 déc.-juin-août : 140 DKK (-18 ans gratuit) avec animation théâtrale ; reste de l'année : 90 DKK (-18 ans gratuit).

Se dressant sur une péninsule lancée dans l'Øresund, c'est le plus célèbre château du Danemark, classé au Patrimoine mondial de l'Unesco depuis 2000. Non seulement il a été choisi par Shakespeare comme cadre pour *Hamlet*, mais il symbolise aussi la puissance maritime danoise, personnifiée par le mythique **Ogier le Danois** (Holger Danske) qui, dit-on, hante les souterrains où il serait enterré. Sa masse impressionnante, soulignée de tours imposantes et couverte d'un toit de cuivre vert surmonté d'élégantes flèches déchirant le ciel, continue à défier la mer comme elle l'a fait durant des siècles.

En 1574, Frédéric II engagea deux architectes hollandais, Hans Van Paeschen et Antonius Van Opberger, pour reconstruire et agrandir Krogen, la forteresse d'**Éric de Poméranie**, à laquelle on donna en 1577 le nom de Kronborg. Après l'incendie qui ravagea le château en 1629, **Christian IV** *(voir p. 136)* le fit restaurer et lui rendit sa splendeur. À la fin du 17e s., Christian V fit ajouter Kronværksport afin de fortifier le château du côté opposé à la mer.

Extérieur – Des corniches soulignent l'encadrement des fenêtres et une balustrade ouvragée garnit la partie supérieure de la façade recouverte de grès. Entouré de douves profondes, le château est accessible par trois ponts de bois et une porte du 16e s., Mørkeport, qui donne sur la cour principale. Avant d'entrer dans le château, faites le tour des douves

Une journée à Elseneur (Helsingør)★

Il serait dommage de ne pas mettre à profit votre visite du château de Kronborg pour découvrir la charmante Elseneur, petite cité commerçante propice à la flânerie avec ses ruelles bordées de maisons de brique. C'est aussi un port actif, animé par le trafic incessant de ferries effectuant la navette avec Helsingborg, en Suède, dont elle n'est séparée que par un détroit de 4 km (voir p. 79). En face du château, l'ancien quai des chantiers navals (Skibsværft) a été entièrement réaménagé en ***Port culturel★*** *(Kulturhavn Kronborg).*

Centre culturel *(Kulturværftet) - Allegade 2 - ✆ 49 28 37 70 - https://kuto.dk - ♿ - 10h-21h, w.-end 10h-16h. Musée : mar.-vend. et dim. 12h-16h, sam. 10h-14h - gratuit. Les bâtiments industriels en brique ont été convertis en un centre culturel flanqué d'une spectaculaire façade de verre et d'acier aux excroissances à multifacettes. Vaste de 13 000 m², il abrite une bibliothèque multimédia, des espaces de lecture et de jeux, des salles de concerts et de conférences, un restaurant bio et un petit musée retraçant l'histoire des chantiers maritimes d'Elseneur.*

Hamlet, prince de Danemark

Ce serait, dit-on, sur la terrasse du château qu'Hamlet vit le fantôme de son père enveloppé d'un manteau de brume épaisse. Dans la pièce, l'endroit est désigné comme « une terrasse devant le château » : on comprend que Shakespeare ne se soit pas montré plus précis, puisqu'il est établi qu'il ne mit jamais les pieds à Elseneur ; il fonda son récit sur la légende du prince Amled, qui aurait régné pendant soixante-cinq ans à partir de 3507 av. J.-C., si l'on en croit la « Gesta Danorum » écrite vers 1200 par un dénommé ***Saxo****... Amled serait peut-être tombé dans l'oubli si un écrivain français,* ***François de Belleforest,*** *n'avait repris son histoire dans ses « Histoires prodigieuses » publiées en 1582. Sept ans plus tard,* ***Thomas Kyd*** *faisait jouer à Londres une tragédie inspirée par le récit du Français.* ***William Shakespeare*** *s'empara alors de ce texte pour en faire le chef-d'œuvre que l'on sait, et qu'il présenta pour la première fois en 1600.*

pour gagner le front de mer et admirer la vue sur le détroit et la côte suédoise.

Intérieur – Le château comprend de nombreuses salles, pour la plupart ouvertes au public. Les plus intéressantes sont la **chapelle**, dont la magnifique décoration Renaissance a été épargnée par l'incendie de 1629, les **chambres du roi et de la reine**, aux plafonds ornés de peintures à la demande de Christian IV, et la **salle de bal**, de 62 m de longueur, remarquable avec son sol de marbre en damier mais qui a, malheureusement, perdu son plafond à caissons peint. Dans le petit salon sont exposées sept des quatorze **tapisseries** représentant les rois danois, qui nous sont parvenues. Il y en avait à l'origine quarante, toutes tissées à Elseneur pour Frédéric II en 1581-1582 sous la direction de l'Anversois Hans Knieper.

Dans les **casemates**, que l'on atteint en passant par les cuisines, vous découvrirez une statue d'Ogier le Danois qui, selon la légende, se dressera et lèvera une armée de jeunes gens et de vieillards pour sauver son pays si jamais celui-ci est confronté à un danger imminent.

CHÂTEAU DE FREDERIKSBORG★★★

(Frederiksborg Slot)

À Hillerød, 38 km au nord-ouest du centre - de la gare centrale, S-train jusqu'à la gare de Hillerød (env. 45mn), puis bus 301 ou 302 - ✆ 48 26 04 39 - www.dnm.dk - ♿ - avr.-oct. : 10h-17h ; reste de l'année : 11h-15h - 75 DKK (6-15 ans 20 DKK), famille 150 DKK - possibilité de visite guidée en français (se rens.).

Située dans le centre du Sjælland du Nord, Hillerød s'est développée à l'ombre du magnifique château de Frederiksborg dont la masse domine le nord de la ville. Le château s'étale sur trois petites îles au milieu du Slotssø (lac du château). Construit en briques rouges soulignées de décorations en grès et agrémenté d'élégants pignons, le château de

Le château de Frederiksborg.
ClarkandCompany/iStock

Le symbole de la monarchie absolue

Pendant cent ans, Frederiksborg servit de résidence royale et les monarques qui se succédèrent sur le trône du Danemark furent sacrés dans la chapelle du château jusqu'à l'abolition de la monarchie absolue. Les jardins à la française furent dessinés au début du 18e s. Plus tard, la famille royale préféra le château de Fredensborg, moins grandiose. Frederiksborg fut peu à peu transformé en musée royal abritant une collection de portraits historiques rassemblés par Frédéric VI. En 1859, un incendie ravagea le château, qui put pourtant être rapidement restauré grâce à la participation financière de la nation danoise et en particulier de J. C. Jacobsen, propriétaire de la brasserie Carlsberg.

Christian IV *(voir p. 136)* est un bel exemple d'architecture de la Renaissance hollandaise, alors que les édifices datant du règne de Frédéric II ont une allure presque médiévale. Il est préférable d'accéder au château par la porte de la ville, située sur l'île méridionale.

Extérieur – À l'extrémité des bâtiments de Frédéric II, de part et d'autre de l'étroite Strædet, se dressent deux tours rondes surmontées de dômes, qui datent de 1562. Le pont en forme de S conduit à l'imposante **tour à barbacanes** précédant le grandiose château de Christian IV. Au centre de la cour est érigée la **fontaine de Neptune**, qui, lors de l'occupation de Frederiksborg par les Suédois en 1659, fut dépouillée de ses statues de bronze réalisées par Adrian de Vries (1623) ; des copies sont venues les remplacer en 1888. Au-delà de la fontaine, un splendide portail surmonté d'un fronton sculpté marque l'entrée de la cour intérieure délimitée par les trois ailes de l'édifice principal : au nord, l'**aile du Roi** et sa belle galerie de marbre à deux étages, à l'ouest, l'**aile de la Chapelle** flanquée d'une large tour, et, à l'est, l'**aile de la Princesse**. Quatre tourelles abritant chacune un escalier à vis relient les trois étages du château. L'entrée principale du musée se trouve dans l'aile du Roi.

Intérieur – Au rez-de-chaussée, l'aile de la Princesse abrite des expositions temporaires. Entièrement restaurée après l'incendie de 1859, la **Rose**, ou **salle des Chevaliers**, présente un plafond voûté soutenu par des colonnes de marbre et orné de subtiles décorations en stuc.

Au premier étage, une loggia ouverte, située au même niveau que la galerie courant autour de l'édifice, donne accès à la superbe **chapelle palatine**, abondamment décorée. Des décorations en stuc peint et doré recouvrent entièrement la voûte de la nef. Le retable et la chaire, ornés d'or, d'argent et d'ébène, sont dus à Jacob Mores, de Hambourg ; à l'extrémité de la galerie surmontant l'autel se trouve l'orgue, réalisé en 1610 par Compenius, célèbre facteur d'orgue originaire de Brunswick. Plusieurs rangées de blasons superposés garnissent les murs. Un pont couvert, dit le

« passage privé », à la décoration rococo, donne accès à la **salle des Audiences**, que surmonte une coupole baroque. On parcourt les enfilades de pièces meublées et décorées de portraits royaux. Au-dessus de la chapelle, le **grand salon** fut reconstruit après l'incendie d'après des croquis réalisés quelque temps auparavant : on peut y admirer le plafond de bois sculpté et peint, la cheminée de marbre noir, les tapisseries et la galerie des musiciens. Dans une petite pièce, à l'angle du salon, est exposé un globe céleste astronomique réalisé au 17e s. par Andreas Bösch, originaire de Limburg.

Musée – Sur les conseils de J. C. Jacobsen, le château de Frederiksborg devint en 1878 un **musée national d'Histoire danoise**, département autonome de la Fondation Carlsberg. Ouvert au public en 1882, il abrite du mobilier et des objets présentant un intérêt historique, des portraits et des tableaux. Les salles des premier et deuxième étages des ailes du Roi et de la Princesse abritent les collections, classées par ordre chronologique. La collection moderne, à l'étage supérieur, se compose de portraits (photos, dessins, peintures, voire caricatures) de personnalités du 20e s., le tout constituant un véritable panthéon des gloires danoises : parlementaires et hommes politiques y côtoient explorateurs, musiciens, artistes, écrivains et cinéastes comme Lars von Trier, ainsi que la famille royale : on regardera avec amusement les photos représentant le roi Christian X (1870-1947) lors de sa promenade matinale à cheval dans les rues de Copenhague, entouré d'une horde de cyclistes se rendant au travail…

ESCAPADE EN SUÈDE

Et pourquoi pas profiter de votre séjour à Copenhague pour découvrir un bout de Suède ?

Par le pont –Grâce au pont de l'Øresund *(voir aussi p. 65)*, rien de plus simple (vérifiez avant de partir les modalités de contrôles aux frontières) : de la gare centrale de Copenhague, des trains partent toutes les 20mn vers **Malmö★**. Trente-quatre minutes plus tard, vous voilà en Suède, prêt à découvrir la troisième ville du royaume, gagnée par une nouvelle énergie depuis l'ouverture du pont. Principaux points d'intérêt : le centre historique, les musées du château et, l'été, la baignade sur l'une des plages toute proche du centre-ville, ou, en toute saison, un sauna dans le magnifique édifice historique sur pilotis, qui s'avance dans la mer Baltique *(voir Le Guide Vert Danemark Suède)*.

Par le ferry – *https://sundbusserne.dk; www.scandlines.dk - 65 DKK l'AR pour un piéton (enf. 45 DKK).* D'Elseneur/Helsingør *(voir p. 75)*, il ne faut que 25mn pour franchir le détroit et atteindre **Helsingborg** et il serait dommage de se priver de la vue sur Elseneur.

Nos adresses

Smørrebrød au thon frais.
Bernd Jürgens/Fotolia.com

Se restaurer

Restaurants – Niveau de vie oblige, ils sont plutôt chers à Copenhague. La carte du midi est meilleur marché, souvent simple, généralement à base de *smørrebrød,* tartines déclinées avec toutes sortes de garnitures *(voir p. 118)*.
Cafés – Bonne formule pour manger simple, rapide et à prix doux. Les cafés proposent tous une carte de petite restauration.
Brunchs – Le week-end, les formules brunch sont une quasi-institution dans les cafés. Celles-ci sont généralement bon marché, copieuses et servies jusqu'à tard dans l'après-midi. De plus en plus de restaurants en proposent aussi.
Boissons – Au restaurant, on vous proposera toujours de l'eau en bouteille, mais sentez-vous libre de demander une simple carafe. Curieusement, celle-ci est souvent facturée *(env. 25 DKK)*. Dans les cafés, une cruche gratuite est généralement à disposition au comptoir. Les vins sont onéreux. Nous vous conseillons d'en profiter pour découvrir les bières des micro-brasseries artisanales. Les amateurs testeront enfin l'aquavit, l'alcool traditionnel scandinave, de plus en plus présent sur les cartes des restaurants.
Les « food markets » – La gastronomie a ses modes : à Copenhague, la tendance est aux marchés couverts nouvelle génération, réunissant une grande variété d'étals où prendre des repas sur le pouce, bon marché et souvent délicieux.

Repérez les adresses sur nos plans grâce aux pastilles numérotées (ex. 1). Les coordonnées en rouge (ex. C2) font référence au plan détachable (à l'intérieur de la couverture).

LE CENTRE HISTORIQUE

Plan de quartier p. 24-25

Moins de 20 € (moins de 150 DKK)

37 **DØP** – **E4** - *Købmagergade 50 - (près de Rundetårn, la « tour ronde ») - 30 20 40 25 - www.doep.dk - 11h-18h30 - fermé dim.* Le centre historique compte de nombreux stands proposant des hot-dogs, mais Den Økologiske Pølsemand (DØP, « l'homme à la saucisse bio ») a notre préférence, avec ses saucisses de porc ou de bœuf, sa sauce rémoulade, ses oignons frits... Le tout bio et fait maison. Du grand art !

1 **Lagkagehuset Strøget** – **E5** - *Frederiksberggade 21 - 72 48 47 77 - http://lagkagehuset.dk - 7h30-20h.* Les adresses où grignoter sur le pouce sur Strøget sont légion mais toutes ne se valent pas. Cette chaîne de boulangeries-saladeries est une valeur sûre, avec ses quelques chaises pour déguster sur place. N'oubliez pas de prendre un ticket pour la queue, souvent longue. À tester : le « tebirke », une sorte de croissant très populaire le matin, le « kanelsnegle », pain brioché roulé à la cannelle,

et le « rugbrød », le pain de seigle traditionnel utilisé notamment pour les smørrebrød. Vous trouverez aussi deux boutiques à l'aéroport (avant et après l'enregistrement).

2 **42° Raw** – ***F5*** - *Pilestræde 32 - ✆ 32 12 32 10 - www.raw42.dk - 8h-20h, w.-end 9h-18h - plat 109/139 DKK.* Des aliments crus ou cuits à 42° maxi, des burgers, un comptoir à salades bio, avec smoothies aux herbes, risotto, muffins, le tout à déguster sur des tables installées en gradins.

De 20 à 40 € (de 150 à 300 DKK)

3 **Husmanns Vinstue** – ***D5*** - *Larsbjørnsstræde 2 - ✆ 33 11 58 86 - http://husmannsvinstue.dk - 11h30-18h, sam. 12h-17h - fermé dim. et vac. - menu 259/445 DKK.* Restaurant logé dans une cave qui porte bien ses 120 ans, spécialiste des petits plats danois à manger sur le pouce et des brunchs aux saveurs de la Baltique.

4 **Royal Smushi Cafe** – ***E5*** - *Amagertorv 6 - ✆ 33 12 11 22 - www.royalsmushicafe.dk - 9h-19h, vend.-sam. 9h-20h, dim. 9h-18h - plat 145/225 DKK.* Dans l'enceinte de la vénérable manufacture Royal Copenhagen, voici un lieu original, tant dans le décor que dans l'assiette. Sur les grandes tables communes sont servis des smushis, croisement (réussi) entre les smørrebrød et le sushi. Soupes et salades complètent le menu.

De 40 à 60 € (de 300 à 450 DKK)

5 **Tight** – ***E5*** - *Hyskenstræde 10 - ✆ 33 11 09 00 - www.tight-cph.dk - 17h-22h, vend.-sam. 11h-23h - à la carte 320/445 DDK, menus 385/585 DKK.* Une adresse cosy et un service souriant, pour une cuisine copieuse à prix (relativement) doux, à l'heure du déjeuner. Soupe de poisson, escalope de porc panée, saumon en papillote, confit de canard et délicieux burgers.

6 **Peder Oxe** – ***E5*** - *Gråbrødretorv 11 - ✆ 33 11 00 77 - www.pederoxe.dk - 11h-23h, jeu.-sam. 11h-0h - à la carte 325/480 DKK, menu 370 DKK.* Une taverne typique à l'accueil chaleureux. Cette belle demeure du 17e s. abrite sur deux étages plusieurs salles à manger et alcôves. Excellente cuisine avec viande argentine, hamburgers maison et trois sortes de smørrebrød.

7 **Krebsegaarden** – ***D5*** - *Studiestræde 17 - ✆ 20 12 40 15 - www.krebsen.net - mar.-sam. 18h-22h - à la carte 385/450 DKK.* Attenant à une galerie d'art au fond de la cour, ce restaurant adapte sa décoration et son menu à chaque nouvelle exposition. Difficile, donc, de prévoir ce que vous aurez dans votre assiette le jour venu, mais l'accueil chaleureux, la qualité des produits et la passion du chef cuisinier sont toujours au rendez-vous. Attention, souvent complet, pensez à réserver.

42 **Maven** – ***F5*** - *Nikolaj Plads 10 - ✆ 32 20 11 00 - www.restaurantmaven.dk - 11h30-0h, vend.-sam. 11h30-2h - fermé dim. - à la carte 395/575 DKK.* Plus élégante que son nom ne le laisse présager (« estomac » en danois), cette table bourgeoise occupe une chapelle latérale de l'église St-Nicolas, l'une des plus anciennes de la ville. L'assiette est dans la même veine,

sage mais savoureuse, à accompagner de vins savamment sélectionnés, disposés dans un beau vaisselier en bois.

ÎLE DU CHÂTEAU

Plan de quartier **p. 24-25**

De 40 à 60 € (de 300 à 450 DKK)

34 **Tårnet** – ***F6*** - *Christiansborg Slotsplads - (dans la tour du château) - ✆ 33 37 31 00 - http://taarnet.dk - 11h30-23h, dim. 11h30-17h30 - fermé lun. - à la carte 470/485 DKK, menu 425 DKK - réserv. conseillée.* Perchée dans l'ancien grenier à statues de la tour du château de Christiansborg, cette table, prisée, possède un vrai cachet. Les statues monumentales paradent dans la salle aux dimensions impressionnantes. Mieux vaut venir déjeuner pour profiter de la vue, depuis la baie vitrée et le belvédère panoramique à l'étage. La cuisine est honnête, smørrebrød à midi et plats plus élaborés le soir.

8 **Søren K** – ***F6*** - *Søren Kierkegaards Plads 1 - ✆ 33 47 49 49 - www.soerenk.dk - 12h-23h30 - fermé dim. - réserv. indispensable - menus 395/495 DKK.* Au rez-de-chaussée du Diamant noir, face au canal, cet établissement qui porte le nom du plus célèbre philosophe danois arbore un décor élégant et minimaliste. Cuisine danoise modernisée, avec des influences françaises et une grande créativité tant dans les saveurs que dans la présentation. Mieux vaut venir déjeuner pour profiter de la belle vue sur le canal et Christianshavn en face.

AUTOUR DE LA GARE CENTRALE

De 30 à 50 € (de 225 à 375 DKK)

35 **Fru Nimb** – ***D6*** - *Bernstorffsgade 5 - ✆ 88 70 00 20 - www.nimb.dk/en/frunimb - 12h-16h, le soir (17h-22h) seult lorsque les jardins de Tivoli sont ouverts (accès payant midi et soir en saison) - à la carte 265/445 DKK.* Le restaurant de l'hôtel de luxe de Tivoli décline les fameux smørrebrød, version haute cuisine. Hareng mariné au poivre rouge, crème à la pomme et pain de seigle : un délice parmi 50 autres propositions, à déguster avec l'une des 32 variétés d'aquavit. Cadre d'une blancheur aérienne, avec mobilier de bois blond et notes design. Terrasse aux beaux jours.

10 **A Hereford Beefstouw** – ***D6*** - *Vesterbrogade 3 - (2 entrées, dont l'une payante par les jardins de Tivoli en saison) - ✆ 33 12 74 41 - www.a-h-b.dk - 11h-0h - plat 229/395 DKK.* Face à Tivoli, une valeur sûre pour la dégustation d'un bon steak qui peut peser jusqu'à 500 g. Viande de bœuf d'origne australienne, danoise et sud-américaine. Cadre moderne et impeccable, cuisine de qualité, ce qui explique l'affluence.

LA VILLE DU 18e SIÈCLE

Plan de quartier **p. 24-25**

Moins de 16 € (moins de 120 DKK)

41 **Mormors** – ***F4*** - *Bredgade 45 - ✆ 33 16 07 00 - http://mormors.dk - 8h30-17h, w.-end. 10h-17h.* Chez grand-mère (« mormors »), gâteaux

et sandwichs sont faits maison, servis dans un décor de bonbonnière kitsch, rideaux en crochets et bibelots anciens. On hume la bonne odeur du café torréfié en observant les portraits de la famille royale, qui ne sont pas affichés ici pour jouer le second degré, comme dans certains cafés de Nørrebro.

De 20 à 40 € (de 150 à 300 DKK)

44 The Union Kitchen – ***F4*** - *Store Strandstræde 21 - ✆ 33 14 54 88 - www.theunionkitchen.dk - lun.-jeu. 7h30-23h, vend. 7h30-0h, sam. 8h-0h, dim. 8h-23h - plat 100-160 DKK.* Dans une rue calme non loin de l'agitation de Nyhavn, cette jolie cuisine s'organise autour d'un grand bar, de tables en bois et de petites banquettes. Le brunch y est généreux (169 DKK), de même que les boulettes dont la composition change chaque jour (99 DKK). Le soir, les plats de la carte sont à partager (300-400 DKK), ce qui ajoute à la convivialité.

De 40 à 60 € (de 300 à 450 DKK)

12 Cap Horn – ***F5*** - *Nyhavn 21 - ✆ 33 12 85 04 - www.caphorn.dk - 12h-22h, vend. 12h-22h30, sam. 10h-22h30, dim. 10h-22h - à la carte 340/390 DKK, menu 325 DKK.* Une réputation solide et une cuisine plus raffinée que dans les autres restaurants du port justifient une halte dans cet établissement au décor accueillant, avec sa cheminée en hiver. Cuisine de saison, avec un buffet de smørrebrød à midi ou des

E. Boucher/Michelin

Salades composées dans le marché couvert de Torvehallern.

plats plus consistants de poissons, langoustines ou viandes grillées.

13 **Geist** – ***F4*** - *Kongens Nytorv 8 - ✆ 33 13 37 13 - http://restaurantgeist.dk - 18h-1h - à la carte 320/465 DKK.* Bo Bech, l'une des célébrités de la gastronomie danoise, a ouvert ce restaurant en 2011. De qualité, sa carte est accessible, et l'environnement design. Au milieu de la salle trône la cuisine. Les tables se répartissent par petits groupes, conférant à l'ensemble une réelle intimité qu'entretiennent des lumières tamisées. Une enfilade de cours aménagées et de petits jardins invitent à la détente.

Plus de 100 € (plus de 750 DKK)

36 **Clou** – ***F4*** - *Øster Farimagsgade 8 - ✆ 91 92 72 30 - http://restaurant-clou.dk - merc.-sam., soir uniquement - réserv. indispensable - menu 1600 DKK.* À la fois restaurant et bar à vin, cette table séduisante et inventive symbolise le nouveau dynamisme gastronomique de Copenhague. Dans la cuisine ouverte, visible depuis la rue, se préparent par exemple un turbot au caviar, oignon et lavande ou une caille à la betterave et au foie gras...

AUTOUR DU CHÂTEAU DE ROSENBORG

De 16 à 35 € (de 120 à 250 DKK)

17 **Torvehallerne** – ***D4*** - *Frederiksborggade 21 - ✆ 70 10 60 70 - 10h-19h, vend. 10h-20h, sam. 10h-18h, dim. 11h-17h.* Le tout-Copenhague vient dans ce marché couvert, réputé pour la variété et la qualité de ses stands, où prendre des repas sur le pouce.

33 **Aamanns** – ***E2*** - *Øster Farimagsgade 10-12 - ✆ 20 80 52 02 - http://aamanns.dk - lun.-dim. 12h-16h, merc.-sam. 18h-23h.* Une des adresses les plus cotées de la ville pour ses smørrebrød réinventés par le jeune chef Adam Aamann. Ses recettes exaltent merveilleusement les saveurs des produits locaux, au gré des saisons. Quelques tables pour déjeuner sur place ou à emporter. Une antenne a aussi ouvert à l'aéroport (terminal 3, tlj 6h-22h). Pratique pour se restaurer avant le vol ou en rapporter à la maison.

48 **Orangeriet** – ***F4*** - *Kronprinsessegade 13 - ✆ 33 11 13 07 - www.restaurant-orangeriet.dk - lun.-sam. 11h30-15h et 18h-22h, dim. 12h-16h (smørrebrød et pâtisseries seult) - smørrebrød 85 DKK, plat 170/250 DKK.* Donnant sur le Kongens Have, cette ancienne orangerie possède une jolie véranda aux tons clairs ainsi que quelques tables en extérieur. Un choix intéressant de smørrebrød est proposé le midi ainsi qu'un menu du jour. Le soir, face au soleil couchant, les bougies s'allument sur les tables et la carte se fait plus élaborée (menus 395-525 DKK).

15 **Schønnemann** – ***E4*** - *Hauser Plads 16 - ✆ 33 12 07 85 - www.restaurantschonnemann.dk - 11h30-17h - fermé dim. et j. fériés - réserv. indispensable - plat 119/169 DKK.* Spécialisé dans les smørrebrød, le hareng sous toutes ses formes et les tartares, ce restaurant a conservé le traditionnel sable au sol, qui remonte à sa fondation, en 1877, quand il fallait protéger les lieux des bottes des

marins à l'escale. Et peut-être aussi de leurs manières à table…

DE CHRISTIANSHAVN À REFSHALEØEN

Moins de 16 € (moins de 120 DKK)

46 **Morgenstedet** – **H6** - *Fabriksområdet 134 - tlj sf lun. 12-21h.* Cette petite maison blanche avec sa vieille cuisinière, sa cour de galets et ses quelques tables offrent un condensé de Christiania. L'occasion d'un repas bio et végétarien (une salade, une soupe, un plat chaud au choix), à petits prix, sans oublier de débarrasser la table avant de partir.

De 16 à 25 € (de 120 à 185 DKK)

45 **The Bridge Street Kitchen** – **G5** - *Strandgade 95 - 33 93 07 60 - http://thebridgestreetkitchen.com - tlj 11h-22h.* Au pied du Inderhavnsbroen, ce nouveau marché de street food propose une dizaine de stands dans d'anciens conteneurs. Et il y en a pour tous les goûts.

De 60 à 95 € (de 450 à 700 DKK)

19 **Kanalen** – **G6** - *Wilders Plads 2 - 32 95 13 30 - http://restaurant-kanalen.dk - 11h30-0h - fermé dim. - réserv. conseillée - à la carte 510/700 DKK, menus 450, 655 et 855 DKK.* Jolie terrasse et façade en briques rouges, l'ancien bâtiment de la police portuaire accueille désormais les gourmets. Plats danois bien tournés, avec la petite touche française qui change tout. Service charmant.

39 **No. 2** – **F6** - *Nicolai Eigtveds Gade 32 - 33 11 11 68 - www.nummer2.dk - 12h-14h, 17h30-22h, sam. 17h30-22h - fermé dim. - à la carte 250/295 DKK, menus 325, 400 et 475 DKK.* Ce restaurant sobre et chic a élu domicile le long d'un quai de Christianhavn. Au menu, de savoureux produits danois de qualité. On vous conseille notamment les fromages et les jambons affinés.

Plus de 240 € (1 800 DKK)

20 **Kadeau** – **F6** - *Wildersgade 10A - 33 25 22 23 - www.kadeau.dk - mar.-vend. 18h30-0h, sam. 12h-16h, 18h30-0h - fermé dim.-lun. - réserv. conseillée - menu 1800 DKK.* Ce petit restaurant à la simplicité étudiée met en scène les produits et la cuisine de l'île de Bornholm, dont sont originaires les propriétaires. La cuisine est sincère, originale, remarquable par son travail sur les textures et les saveurs.

43 **Noma** – **H4** - *Refshalevej 96 - www.noma.dk - merc.-sam. 12h-16h, 18h-0h30 - menu 2 250 DKK.* En 2018, le restaurant le plus connu de Scandinavie a réouvert… entre Christiania et Refshaleøen. Au mileu des squats et des anciens chantiers navals, son chef René Redzepi et l'architecte Bjarke Ingels ont investi un ancien bunker pour en faire un temple caché de la gastronomie tout de bois, verre et béton. Cuisines ouvertes, ferme urbaine, menu fixe et réservations longtemps à l'avance.

NØRREBRO ET ØSTERBRO

Moins de 16 € (moins de 120 DKK)

22 **Laundromat Café** - **C2** - *Elmegade 15 - ✆ 35 35 26 72 - www.thelaundromatcafe.com - 9h-21h - plat 115/185 DKK, petit-déj. et brunch 78/139 DKK.* Dans l'esprit créatif de Nørrebro, ce café-restaurant-laverie a été fondé par un Islandais. Machines à laver dans l'arrière-salle, comptoir tapissé de milliers de livres à l'entrée : on y vient moins pour faire sa lessive que pour croquer un burger ou une salade, boire un verre et papoter entre amis. Deux autres adresses ont ouvert à Nørrebro et Frederiksberg (voir le site Internet).

9 **Lagkagehuset Sortedam** - **D3** - *Sortedam Dossering 9 - ✆ 72 14 47 94 - http://lagkagehuset.dk - 6h30-19h, w.-end 6h30-18h.* Encore une boulangerie de cette chaîne? Oui, mais celle-ci fait face aux lacs, idéale pour un petit-déjeuner (ou un repas léger) économique et panoramique. Attention, souvent bondé le matin, n'oubliez pas votre ticket pour la queue.

De 20 à 30 € (de 150 à 225 DKK)

24 **Manfreds** - **B2** - *Jægersborggade 40 - ✆ 36 96 65 33 - http://manfreds.dk - 12h-22h - à la carte 85/140 DKK, menu « chef's choice » 285 DKK.* Ce bar à vins naturels est géré par l'équipe du Relæ (dans la même rue). On y déguste une cuisine danoise de saison, qui puise aux racines rustiques du pays, travaillées de façon contemporaine. Service détendu mais efficace.

Plus de 50 € (plus de 400 DKK)

25 **Nørrebro Bryghus** - **D2** - *Ryesgade 3 - ✆ 35 30 05 30 - www.noerrebrobryghus.dk - 12h-23h, jeu.-vend. 12h-1h, dim. 12h-22h - à la carte 405/595 DKK.* Figure du renouveau des microbrasseries, dans un décor moderniste et élégant, avec vue sur les fûts en inox de l'autre côté de la baie vitrée. On y déguste des menus en accord avec les bières proposées.

26 **Relæ** - **B2** - *Jægersborggade 41 - ✆ 36 96 66 09 - www.restaurant-relae.dk - mar.-jeu. 17h-0h, vend.-sam. 12h-15h et 17h-0h - menus 475/895 DKK.* Mieux vaut réserver bien à l'avance pour tester la cuisine de Christian F. Puglisi, une figure du quartier de Nørrebro puisqu'il fut le premier à s'y installer, initiant la renaissance de la rue. Ses plats sont faussement simples, basés sur des combinaisons inventives et un usage innovant des légumes de saison.

Plus de 100 € (plus de 750 DKK)

Geranium - ***Hors plan*** - *Per Henrik Lings Allé 4 - ✆ 69 96 00 20 - www.geranium.dk - 12h-16h, 18h30-0h - fermé dim.-mar. - 750-2 800 DKK - réserv. conseillée.* Avec sa 3e étoile au Guide Michelin décrochée en 2016, Rasmus Kofoed est la nouvelle référence de la cuisine scandinave. Surprenant, son luxueux restaurant est situé au 8e étage du stade national. Des techniques modernes et de superbes produits bio sont utilisés pour donner naissance à des préparations équilibrées, magnifiquement présentées : pierres d'aneth à la crème de raifort, poulet au chou et pickles de pin, sauce de peau de poulet... Un véritable voyage culinaire !

Le restaurant Relæ.

VESTERBRO ET KØDBYEN (ANCIENS ABATTOIRS)

Bon à savoir – Au sud de Vesterbro, entre Halmtorvet et la voie ferrée, l'immense friche des anciens abattoirs (*Kødbyen* en danois, *Meatpacking District* en anglais) est en plein renouveau. Cette ville dans la ville est réputée pour les bonnes tables qui ont investi les anciens hangars *(voir aussi p. 61)*.

De 10 à 20 € (de 75 à 150 DKK)

27 **Wedofood** – **C7** - *Halmtorvet 21 - ☎ 44 40 66 27 - http://wedofood.dk - 10h-21h, dim. 12h-20h.* Comptoir à salades, avec de copieuses formules toutes prêtes ou à composer soi-même, à partir d'ingrédients bio. Une adresse à prix doux, prisée des jeunes du quartier. Quelques chaises sur place, ou à emporter.

De 30 à 55 € (de 225 à 410 DKK)

28 **BOB - Biomio Organic Bistro** – **C7** - *Halmtorvet 19 - ☎ 33 31 20 00 - www.bobbistro.dk - 12h-22h, dim. 12h-21h - à la carte 340/390 DKK.* Cette table chaleureuse bio fut l'une des premières à faire le pari des anciens abattoirs. Elle en est aujourd'hui l'une des adresses phares, chaleureuse, savoureuse et pratique. En effet, on la repère (et avec elle l'entrée des abattoirs), grâce à sa grande enseigne rouge et bleue, rappelant l'ancienne boutique Bosch.

23 **Fleisch** – **C7** - *Slagterboderne 7 - ☎ 61 68 14 19 - www.fleisch.dk - 11h30-0h, vend.-sam. 11h30-1h, dim. 11h30-0h - à la carte 370/545 DKK.* Ici, on annonce la couleur (« fleisch » signifie viande), avec un étal de boucher à l'entrée, des murs tapissés de carreaux blancs et une carte de petits plats (comptez-en 3-4 par pers.), la plupart à base de viandes, lards et terrines maison. En soirée, l'endroit est aussi un bar apprécié des hipsters du quartier, où tester l'étonnant bourbon au lard ou le whisky infusé à la graisse de canard !

32 **Kødbyens Fiskebar** – **C7** - *Flæsketorvet 100 - ☎ 32 15 56 56 - www.fiskebaren.dk - P - 17h30-0h, vend.-sam. 11h30-2h,, dim. 11h30-0h (commandes jusqu'à 23h) - plat 135/295 DKK.* Dans un entrepôt brut de décoffrage, le bar à huîtres et à poissons d'Anders Selmer fait le plein tous les soirs. Ce chef a été formé au Noma et ça se sent : couteaux au fenouil, flétan au topinambour, moules pochées au cidre, fish & chips maison, etc. Un régal !

AILLEURS DANS VESTERBRO

De 30 à 45 € (de 225 à 335 DKK)

30 **Cofoco** – **C7** - *Abel Cathrines Gade 7 - ☎ 33 13 60 60 - http://cofoco.dk - 17h30- 0h - fermé dim. - plat 120/160 DKK, menus de 295 à 375 DKK.* Installée à l'entresol, cette élégante taverne moderniste est l'une des plus courues du quartier. Les plats danois aux influences franco-italiennes sont savoureux, et le menu dégustation (295 DKK) est franchement bon marché pour un établissement de cette tenue.

31 **Radio** – **C4** - *Julius Thomsens Gade 12 - 25 10 27 33 - http://restaurantradio.dk - 17h30-0h, vend.-sam. 12h-15h - fermé dim.-lun. - menu 275 DKK.* Près du Forum, un restaurant intime, urbain et écolo d'une qualité rare. Légumes et fruits bio, poisson, volaille : les produits sont soigneusement sélectionnés auprès de fournisseurs locaux ou issus des jardins que l'établissement possède près de la ville. Deux des trois chefs fondateurs ont fait leurs classes au Noma.

FREDERIKSBERG

De 40 à 60 € (de 300 à 450 DKK)

21 **Formel B** – **A7** - *Vesterbrogade 182 - 1800 - 33 25 10 66 - www.formel-b.dk - 17h30-0h, vend.-sam. 17h30-1h - fermé dim. - réserv. indispensable - plat 140-190 DKK.* Langoustines aux légumes danois, turbot à la queue de veau braisée... Surprenantes, élaborées et modernistes, les propositions gourmandes arrivent ici sous la forme de petits plats (4 par pers.), à déguster dans un intérieur en marbre et acier. Très minimaliste chic.

ÎLE D'AMAGER

Moins de 16 € (moins de 120 DKK)

47 **Egils Deli** – **E8** - *Islands Brygge 23 - 69 66 50 96 - tlj 11h-21h.* Le lieu idéal pour préparer un pique-nique aux allures méditerranéennes à Islands Brygge. Charcuterie et fromage à la coupe, sandwichs et pizzas à la part.

AUX ALENTOURS : ROSKILDE

Carte Sjælland p. 66

De 25 à 50 € (de 200 à 390 DKK)

Raadhuskælderen – *Fondens Bro 3 - 46 36 01 00 - http://raadhuskaelderen.dk - 11h-0h - fermé dim. - à la carte 394/554 DKK.* Spécialités danoises et grillades dans une belle salle voûtée proche de la cathédrale.

Bryggergården – *Algade 15 - 46 35 01 03 - www.restaurantbryggergaarden.dk - 11h-22h, dim. et j. fériés 12h-21h - à la carte 278/476 DKK.* Pour déguster les traditionnels smørrebrød dans une salle aux poutres apparentes, au cœur de la ville piétonne.

AUX ALENTOURS : ELSENEUR

De 10 à 35 € (de 55 à 250 DKK)

Rådmand Davids Hus – *Strandgade 70 - 49 26 10 43 - tlj sf dim. 10h-17h.* Une minuscule maison basse de 1694 sert de cadre à ce restaurant au décor fleuri et coloré, rendez-vous d'habitués. Sandwichs danois et smørrebrød copieux.

Café Hyacint – *Bjergegade 20 - 49 21 69 70 - 12h-17h, vend.-sam. 11h-18h - fermé dim.* Une adresse familiale réputée pour ses succulents smørrebrød maison. Propose également des fondues en soirée.

Prendre un verre

De tradition récente, la culture du café s'est épanouie à Copenhague. En journée, les habitants peuvent passer des heures autour d'un *café au lait* (en français dans le texte) ou d'un *chai* (thé au lait et aux épices, à l'indienne). Autre tendance : les bars à cocktails, prisés ces derniers temps.

La plupart des établissements proposent le Wifi, des jeux de société (le backgammon est en vogue) et parfois des soirées DJ. Les habitants s'y retrouvent à la nuit tombée, dans une atmosphère détendue et souvent alcoolisée.

Bon à savoir – Les adresses qui suivent proposent tous de la restauration légère, avec sandwichs et salades, à toute heure.

Ne négligez pas les cafétérias des musées, souvent des lieux agréables, à la décoration soignée. Nous vous indiquons nos adresses préférées ci-dessous.

Repérez les adresses sur nos plans grâce aux pastilles numérotées (ex. 1). Les coordonnées en rouge (ex. C2) font référence au plan détachable (à l'intérieur de la couverture).

LE CENTRE HISTORIQUE

***Plan de quartier** p. 24-25*

1 **Conditori La Glace** – *E5 - Skoubogade 3 - ✆ 33 14 46 46 - http://laglace.dk - 8h30-18h, sam. 9h-18h, dim. 10h-18h d'oct. au dim. des Rameaux.* Après une orgie de cantines design, il est bon de trouver cette pâtisserie et salon de thé à l'ancienne qui existe depuis 1870 ! Les gâteaux crémeux changent aussi des brownies et autres cakes bio.

2 **Bistro Huks Fluks** – *E5 - Gråbrødretorv 8 - ✆ 33 91 92 93 - www.huksfluks.dk - 10h-22h.* Aux beaux jours, la terrasse de cette brasserie est un endroit idéal pour paresser en admirant la place la plus romantique de la ville.

3 **A.C. Perch's Thehandel** – *E5 - Kronprinsensgade 5 - ✆ 33 15 35 62 - www.perchs.dk - 9h-17h30, vend. 9h-19h, sam. 9h30-16h - fermé dim.* Les habitants de Copenhague raffolent de cette échoppe de thés, installée ici depuis 1835. Il fait bon faire une pause au salon de thé à l'étage pour... du thé maison, évidemment, mais aussi de délicats gâteaux et sandwichs.

5 **Ruby** – *E5 - Nybrogade 10 - ✆ 33 93 12 03 - www.rby.dk - 16h-2h, dim. 18h-2h.* Certainement le bar à cocktails le plus élégant de Copenhague. La clientèle est à l'image du décor, chic, avec ses fauteuils capitonnés, ses boiseries et son atmosphère de club privé à l'anglaise.

6 **Paludan Bogcafé** – *E5 - Fiolstræde 10 - en face de la « vieille » Bibliothèque royale - ✆ 33 15 06 75 - www.paludan-cafe.dk - 9h-22h, vend. 9h-23h, sam. 10h-23h, dim. 10h-22h.* Ce café littéraire est fréquenté essentiellement par les étudiants de l'université voisine venus consulter les ouvrages disposés sur les immenses étagères couvrant les murs. L'intérieur

se compose de deux salles et d'une librairie. Ambiance feutrée et belle terrasse.

11 **Thomas Sandwiches** – **E5** - *Kompagnistræde 17 - ✆ 33 13 13 31 - 10h30-18h45, sam. 10h-18h, dim. 11h-18h.* Ce petit restaurant bio élabore les sandwichs devant vous, avec des produits frais. Les pains rappellent les meilleures boulangeries françaises et chaque sandwich est préparé en tenant compte des valeurs caloriques.

ÎLE DU CHÂTEAU

7 **Øieblikket** – **F6** - *Søren Kierkegaards Plads 1 - à la Bibliothèque royale - ✆ 33 47 41 06 - www.oieblikket.dk - 8h-19h, sam. 9h-18h - fermé dim.* Posé dans le foyer inondé de lumière du Diamant noir (l'extension ultramoderne de la Bibliothèque royale), cette agréable cafétéria épurée est appréciée pour ses tables postées face à de grandes baies vitrées, offrant une belle vue sur les quais de Christianshavn. L'été, les transats s'installent sur les quais.

AUTOUR DE LA GARE CENTRALE

8 **Cafe Glyptoteket** – **E6** - *Dantes Plads 7 - ✆ 33 41 81 41 - www.glyptoteket.dk - 11h-18h, jeu. 11h-22h - fermé lun.* Attention, il faut s'acquitter du droit d'entrée au musée pour profiter du café (hors mar.). Idéal en hiver pour se téléporter sous les tropiques, le café de la glyptothèque Ny Carlsberg niche sous une magnifique serre exotique piquée de palmiers. Un lieu hors du temps, où l'on passerait volontiers des heures avec un bon livre. Mieux vaut réserver pour un déjeuner, un brunch (tlj 11h-15h) ou un dîner (jeu. soir).

Nombreux cafés en saison dans le parc de Tivoli *(voir p. 40).*

LA VILLE DU 18ᵉ SIÈCLE

***Plan de quartier* p. 24-25**

9 **Café Klint (au musée du Design danois)** – **G3** - *Bredgade 68 - ✆ 33 18 56 56 - http://https://designmuseum.dk - 11h-18h - fermé lun.* Une cafétéria de musée au décor design, bien sûr, mais aussi très chaleureux. L'été, la terrasse prend ses aises dans le jardin intérieur de cet ancien hôpital du 18ᵉ s., une façon bien agréable de profiter de l'un des plus beaux bâtiments rococo de Copenhague.

27 **Atelier September** – **F4** - *Gothersgade 30 - ✆ 26 29 57 53 - lun.-vend. 7h30-17h, sam. 9h-16h, dim. 10h-16h.* Après quelques marches, cette grande salle lumineuse de bois blanc permet de faire une agréable pause. Soupes, salades et tartines se dégustent sur une grande table en commun. À l'arrière, une petite boutique permet à des créateurs de présenter leur travail.

23 **Toldboden** – **G3** - *Nordre Toldbod 18-24 - ✆ 33 93 07 60 - www.toldboden.com - lun.-vend. 10h-21h, sam. 9h30-21h, dim. 9h30-19h.* À quelques minutes à pied de La Petite Sirène, ce vaste restaurant au bord du canal doté d'une terrasse avec tables et transats propose différentes options : petit-déjeuner, brunch le w.-end (jusqu'à 15h), menu à la carte, restauration rapide (dont un hot-dog de homard), café et bar avec DJ.

AUTOUR DU CHÂTEAU DE ROSENBORG

Voir aussi Torvehallerne, *p. 53.*

49 **Coffee Collective** – **D4** - *Vendersgade 6D - (dans Torvehallerne) - ☎ 60 15 15 25 - http://https://coffeecollective.dk - 7h-20h, sam. 8h-19h, dim. 8h-18h.* Tous les employés du quartier – et ils sont nombreux – semblent se donner rendez-vous chaque matin pour prendre leur dose de caféine chez ce néo-torréfacteur qui met autant en avant la qualité de ses grains moulus en direct que son approche équitable du commerce.

22 **Kalaset** – **D4** - *Vendersgade 16 - (au coin de Nansensgade) - www.kalaset.dk - 10h-0h, vend.-sam. 10h-2h, dim. 10h-23h.* Avec son menu sans chichi, inscrit à l'ardoise et servi toute la journée, ses brunchs, sa clientèle de quartier (bébés compris), ses commandes au comptoir, ses petits prix et sa décoration de bric et de broc, ce chaleureux café-restaurant, niché dans un entresol, est un modèle du genre QG bobo, version Copenhague. Petite terrasse sur le trottoir l'été.

28 **Kaffesalonen** – **D3** - *Peblinge Dossering 6 - ☎ 35 35 12 19 - http://kaffesalonen.com - 8h-minuit, w.-end. 10h-minuit.* Ce joli café Belle Époque prend ses aises l'été dans une guinguette en bois blanc posée sur l'eau, avec un ponton pour les amateurs de soleil. Location de matelas, de bateaux à rame et de pédalos (100 DKK/h.).

DE CHRISTIANSHAVN À REFSHALEØEN

12 **Emmery's** – **F6** - *Torvegade 25 - ☎ 51 85 76 99 - http://emmerys.dk - 7h-18h, w.-end 7h-17h.* Emmery's est une chaîne de boulangeries-pâtisseries bio. On aime celle-ci pour sa situation, sur l'artère principale de Christianshavn, avec de grandes baies vitrées pour observer la vie du quartier en se régalant d'un thé fumant et de bons gros gâteaux. Bien aussi pour un repas sur le pouce.

24 **Barr** – **G5** - *Strandgade 93 - ☎ 32 96 32 93 - www.restaurantbarr.com - lun.-jeu. 17h-0h, vend.-dim. 12h-0h.* Idéalement située quai de l'Atlantique, cette belle salle tout en bois clair offre un espace pour le restaurant - qui revisite avec brio des classiques danois - et un autre pour le bar ainsi que quelques tables au bord du canal. Son nom signifie « orge » et, de fait, un choix impressionnant de bières est proposé.

26 **The Corner 108** – **G5** - *Strandgade 108 - ☎ 32 96 32 92 - www.108.dk - tlj 8h-0h (9h w.-end).* Au coin du restaurant 108, petit frère du célèbre Noma, il s'agit à la fois d'un café, d'un restaurant et d'un bar à vin et à bière. Les pâtisseries y sont excellentes, la carte des vins plus que conséquente et le menu tout en finesse. Des dégustations y sont régulièrement organisées, notamment le jeudi soir.

La Banchina – **Hors plan** - *Refshalevej 141A - ☎ 31 26 65 61 - www.labanchina.dk - CC (uniquement) - mai-sept. : tlj 8h-23h (9h w.-end) ; oct.-avr. : café tlj 8h-16h*

(9h w.-end), rest. jeu.-dim. 18h-0h. Caractéristique des nouvelles adresses de Refshaleøen, cette petite baraque bleue très populaire est posée au bord de l'eau. Quelques tables, des bancs, un ponton : on y vient un peu à toute heure pour un café, un verre, un petit plat à picorer... et même un plongeon dans l'eau ou un sauna (50 DKK par pers.). L'hiver, le restaurant se fait plus chic avec un menu fixe (400-650 DKK).

NØRREBRO ET ØSTERBRO

15 **The Mad Hatter, Bubble Tea Emporium** – **D2** - *Sankt Hans Torv 3 - ✆ 35 35 10 01 - www.themadhatter.dk - 11h-20h, dim. 12h-19h.* Les fashionistas du quartier adorent cette petite échoppe spécialiste du bubble tea, une boisson d'origine taïwanaise à base de thé et de perles de tapioca.

16 **Bevar's** – **D3** - *Ravnsborggade 10B - ✆ 50 59 09 93 - www.bevars.dk - 9h-0h, jeu. 9h-2h, vend. 9h-3h, sam. 10h-3h, dim. 10h-22h.* Avec son décor vintage, ce lieu simple et chaleureux séduit une clientèle hétéroclite, qui vient autant pour l'ambiance que pour la limonade maison et les délicieuses salades composées. Une de nos adresses préférées à Nørrebro. Concerts et DJ le soir en fin de semaine.

17 **Mikkeller & Friends** – **B1** - *Stefansgade 35 - ✆ 33 83 10 20 - www.mikkeller.dk - 14h-0h, jeu.-vend. 14h-2h, sam. 12h-2h.* Bois blond et vert pastel : inhabituel pour un bar à

L. Klein/www.copenhagenmediacenter.com

Le restaurant Barr.

bières, le décor design épuré est le signe que celui-ci est à part. N'y sont servies que les bières haut de gamme de la microbrasserie maison, ainsi que d'autres du genre, soit 40 pressions au choix. Largement de quoi porter un toast à la nouvelle vitalité des bières artisanales danoises.

21 **Møller Kaffe og Køkken** – ***B1*** *- Nørrebrogade 160 - ✆ 31 50 51 00 - www.facebook.com/kaffeogkoekken - 9h-16h.* Complet, complet, complet ! Pour tester les brunchs et petits-déjeuners du « café et cuisine de Møller », il vous faudra faire la queue (pas de réserv.) ou venir à l'ouverture (surtout le w.-end). Gaufres, pâtes à tartiner, pains au levain, jus de fruits pressés, omelettes, crêpes, etc. Tout est fait maison et servi toute la journée. Un régal !

Café Bopa – ***Hors plan -*** *Bopa Plads - (Løgstørgade 8) - ✆ 35 43 05 66 - http://cafebopa.dk - 9h-0h, jeu. 9h-2h, vend. 9h-5h, sam. 10h-5h, dim. 10h-0h.* Bien qu'excentré, près du parc Fælledparken, nous vous conseillons cet attachant café parce qu'il résume bien l'esprit bobo familial du quartier d'Østerbro : jeux pour enfants, terrasse aux beaux jours, face aux joueurs de pétanque qui fréquentent la place Bopa. Celle-ci doit son nom au groupe de résistance communiste Borgerlige Partisaner (« partisans civils »), actif durant l'occupation allemande.

VESTERBRO ET FREDERIKSBERG

18 **Granola** – ***B6*** *- Værnedamsvej 5 - ✆ 31 31 15 36 - www.granola.dk - 7h-0h, jeu.-vend. 8h-0h, sam. 9h-0h, dim. 9h-17h.* À la fois bar de quartier et QG bobo, avec déco rétro et carte à l'ardoise, voilà l'un des bars les plus populaires de Frederiksberg. Il ne désemplit pas, du petit-déjeuner au dîner, en passant par le brunch (un must). Cafés fraîchement torréfiés, milkshakes, glaces et chocolats chauds en font un paradis pour les gourmands.

19 **Hotel Central & Café** – ***C6*** *- Tullinsgade 1 - ✆ 33 21 00 95 - www.centralhotelogcafe.dk - 8h-17h, sam. 10h-17h, dim. 10h-16h.* Comment faire parler de son bar ? En y ouvrant « le plus petit hôtel du monde » avec, à l'étage, une seule chambre (2500 DKK ou 336 €/2 pers. avec petit-déj.). Nichée sous les toits et joliment décorée, celle-ci est tout de même un peu chère, d'autant qu'en été, il faut faire avec les clients en terrasse. Pour le reste, un bar de quartier sympa et minuscule lui aussi (5 tables), où savourer un café fraîchement torréfié.

20 **Salon 39** – ***C5*** *- Vodroffsvej 39 - ✆ 39 20 80 39 - www.salon39.dk - 16h-23h30, jeu. 16h-0h30, vend.-sam. 16h-1h30 - fermé dim.* Frederiksberg, la « ville dans la ville », est surtout l'un des beaux quartiers de la capitale danoise. Ce chic bar à cocktails en est la preuve. On y sirote un Slaughter House Bloody Mary (très épicé) ou un Spice and Vice (à base de bourbon et de pastis) en bonne compagnie. Belle sélection de whiskys, possibilité de dîner et petite terrasse sur le trottoir aux beaux jours.

Shopping

Les quartiers

Étonnamment riche en boutiques, Copenhague est un paradis du shopping. Sur **Strøget**, l'artère principale et piétonne du centre historique, vous trouverez un mélange de grands magasins typiquement danois et de chaînes internationales. Pour un shopping plus original, rendez-vous à **Nørrebro**, autour d'Elmegade et Jægersborggade, les deux rues en vogue, où sont installés des créateurs et des boutiques de mode, design, antiquités et céramique.

Le shopping est plus haut de gamme dans les élégantes boutiques de la **ville du 18e s.**, autour de Bredgade. Vous vous régalerez aussi dans les **boutiques des musées**, qui proposent une sélection de qualité, des objets design aux jouets vikings, en passant par des cartes postales et des affiches joliment graphiques.

Vous n'avez pas eu le temps de faire vos achats ? **L'aéroport** joue aussi les galeries marchandes : il y a le duty free, bien sûr, mais aussi Illums Bolighus (déco et mode), Lego, Peter Beier (chocolats) ou Marimekko (déco et textile finlandais).

En pratique

Les magasins ferment en général vers 18h, voire 15h ou 16h le samedi pour les petites boutiques. Le vendredi est le jour des nocturnes (jusqu'à 19h). Le dimanche, certaines boutiques restent ouvertes sur Strøget, et celles des musées sont ouvertes (elles ferment le lundi).

Que rapporter ?

Copenhague est bien sûr une bonne destination pour le shopping design, mais pas seulement. La céramique, la mode, les jouets et le chocolat artisanal font partie des autres spécialités, tout comme les décorations de Noël et de Pâques en saison.

Repérez les adresses sur nos plans grâce aux pastilles numérotées (ex. 1). Les coordonnées en rouge (ex. C2) font référence au plan détachable (à l'intérieur de la couverture).

STRØGET ET LE CENTRE HISTORIQUE

Plan de quartier p. 24-25

Maison

36 **Illums Bolighus** – ***E5*** - *Amagertorv 10 - 33 14 19 41 - www.illumsbolighus.com - 10h-19h, vend. 10h-20h, dim. 11h-18h.* Si vous n'avez le temps de voir qu'un seul magasin de design, alors optez pour celui-ci, le plus connu. Ses quatre étages sont une référence pour les Danois (l'enseigne possède des magasins dans les principales villes du pays). Fondé dans les années 1960, celui de Copenhague est le plus grand, avec toutes les marques du design danois.

On y trouve de tout, du tapis de bain au canapé XXL, en passant par la vaisselle et les gadgets. Avec ses petits objets, le rez-de-chaussée est une mine de cadeaux.

37 **Louis Poulsen** – ***E5*** - *Gammel Strand 28 - ✆ 70 33 14 14 - www.louispoulsen.dk - 8h-17h30 - fermé w.-end.* Cette marque emblématique de luminaires danois a installé son showroom dans un ancien entrepôt portuaire rénové, lumineux, tout en blancheur immaculée. On y retrouve les célèbres suspensions aux silhouettes ébouriffées qui illuminent bien des intérieurs de la capitale.

38 **Hay House** – ***F5*** - *Østergade 61 - ✆ 42 82 08 20 - www.hay.dk - 10h-18h, w.-end 10h-16h30.* Cet éditeur et fabricant de meubles et objets danois s'est installé aux 2e et 3e étages d'un superbe appartement, au-dessus d'un café Belle Époque très couru, face à la belle fontaine aux Cigognes. Un bon endroit pour repérer les dernières tendances déco, dans la veine contemporaine, colorée mais épurée.

69 **Notre-Dame** – ***E5*** - *Nørregade 7 - ✆ 33 15 17 03 - www.notredame.dk - 9h30-18h, vend. 9h30-19h, sam. 10h-17h - fermé dim.* Vaisselle, linge de maison, accessoires de salle de bains, petit mobilier... Cette adresse propose une belle sélection multimarques, dans l'esprit scandinave, bien sûr.

71 **Stilleben** – ***E5*** - *Niels Hemmingsens Gade 3 - (perpendiculaire à Strøget) - ✆ 33 91 11 31 - http://stilleben.dk - 10h-18h, sam. 10h-17h - fermé dim.* Deux femmes designers ont créé ce joli concept-store déco et cela se voit : elles ont l'œil pour dénicher céramique (leur spécialité), textiles, luminaires et petit mobilier dans l'air du temps. Quelques marques françaises aussi, le comble du chic, vu de Copenhague !

Mode

39 **Wood Wood** – ***F4*** - *Grønnegade 1 - ✆ 35 35 62 64 - www.woodwood.dk - 10h-18h, sam. 10h-17h, dim. 12h-16h.* Fondée en 2002 par trois stylistes danois, cette ligne de vêtements homme et femme s'est désormais étendue à travers toute l'Europe. Sa patte : des collections d'esprit streetwear mais chic.

41 **Randers Handsker** – ***D5*** - *Frederiksberggade 36 - ✆ 33 13 04 33 - www.randershandsker.com - 10h-17h30, vend. 10h-18h, sam. 10h-14h - fermé dim.* Voilà plus de deux siècles que ce gantier, fournisseur officiel de la maison royale, fabrique artisanalement moufles et mitaines pour tenir au chaud les mains les plus élégantes de Copenhague.

72 **Samsøe & Samsøe** – ***E5*** - *Købmagergade 44 - ✆ 35 28 51 31 - www.samsoe.com - 10h-19h, vend. 10h-20h, dim. 11h-18h.* Le vaste magasin (homme et femme) de cette marque de mode danoise symbolise le chemin parcouru depuis 1993, quand deux frères ont ouvert une échoppe de bijoux dans le Quartier latin de Cophenhague. Depuis, la petite marque s'est étoffée, jusqu'à être connue dans toute l'Europe pour ses vêtements aux lignes simples et confortables, mais élégantes. Très scandinave.

Vitrine de la boutique Notre-Dame.
JJFarquitectos/iStock

NOTRE DAME
KLEMME-
KURVE
39,-
KLEMMER
10 STK.
29,-
TØRRESNOR
20,-
notredame.dk

Céramique

42 **Royal Copenhagen** – **E5** - *Amagertorv 6 - ☎ 33 13 71 81 - www.royalcopenhagen.com - 10h-19h, sam. 10h-18h, dim. 11h-16h.* Bienvenue chez le « fournisseur de Sa Majesté depuis 1775 ». C'est le royaume de la porcelaine, des univers classiques (avec les célèbres motifs bleus sur fond blanc) ou plus contemporains. Pour tous les goûts et tous les portefeuilles... surtout les plus garnis!

43 **Butik for Borddækning** – **E4** - *Møntergade 6 - ☎ 33 32 61 01 - www.butikforborddaekning.dk - 11h-18h, sam. 11h-16h - fermé dim.* Fondée et tenue par un collectif de sept femmes artisans, céramistes et stylistes textile, cette boutique s'est spécialisée dans l'art de la table (littéralement, son nom signifie d'ailleurs « boutique pour la table »), tendance épurée et graphique. Également des expositions d'artisans invités, spécialisés dans l'art de la table, évidemment!

44 **Tortus** – **E5** - *Kompagnistræde 23 - ☎ 52 50 24 71 - http://tortus-copenhagen.com - 11h-18h, sam. et lun. 11h-15h - fermé mar. et dim.* Formé à la Danish School of Design, Eric Landon est l'une des figures de la céramique contemporaine danoise. Il travaille dans un studio de l'arrière-cour et expose ses modèles dans la boutique ouverte sur la rue. Ses créations laissent transparaître la matière brute, tout en les mariant à des couleurs tendres et des lignes douces. Magnifique.

Jouets

45 **Lego Store** – **E5** - *Vimmelskaftet 37 - ☎ 52 15 91 57 - www.lego.com - 10h-18h, vend. 10h-19h, dim. 11h-17h.* Maintenant que ce type de vaste boutique Lego a été copié-collé à travers toute l'Europe, on espérait un magasin plus original à Copenhague, qui est tout de même la capitale du pays d'origine de la marque. À part une amusante maquette en briquettes de Nyhavn, c'est comme ailleurs. Dommage.

46 **Dansk Håndværk** – **E5** - *Kompagnistræde 20 - ☎ 33 11 45 52 - www.danskhaandvaerk.dk - 11h-17h30, vend. 11h-18h, sam. 11h-15h - fermé dim.-lun.* Pour changer du tout plastique, voilà des jouets en bois d'excellente facture, fabriqués à partir de bois de Scandinavie, à la main par un artisan, peut-être le seul du genre encore en activité au Danemark!

Argenterie

47 **Georg Jensen** – **E5** - *Amagertorv 4 - ☎ 33 11 40 80 - www.georgjensen.com - 10h-18h.* « Si l'argenterie pouvait parler, ce serait en danois. » C'est avec cette modeste devise gravée en vitrine que la maison d'orfèvrerie la plus connue du pays accueille ses clients, dans une atmosphère de magasin de luxe. À l'étage, petit musée privé, avec en vitrine des pièces rares qui ne sont plus fabriquées aujourd'hui.

Chocolats

48 **Summerbird Chocolaterie** – **E4** - *Kronprinsensgade 11 - ☎ 33 93 80 40 - www.summerbird.dk - tlj sf dim. 10h-18h, sam. 10h-16h.* La qualité des chocolats bio et l'esthétique de la boutique ont fait la réputation de cette petite chocolaterie, souvent

citée comme l'une des meilleures de la ville. Autre boutique à Torvehallerne (Frederiksborggade 21, 10h-19h, vend. 10h-20h, sam. 10h-18h, dim. 11h-17h).

Affiches

76 **Kortkartellet** – ***E5*** - *Niels Hemmingsens Gade 6 - perpendiculaire à Strøget - ✆ 53 65 01 22 - http://kortkartellet.dk - tlj sf dim. 11h-18h, sam. 11h-17h.* On fait le tour de Copenhague, et même de l'Europe, dans cette minuscule boutique en duplex, réputée pour ses cartes géographiques stylisées, à grand renfort de typographies originales.

73 **Paper Collective** – ***E5*** - *Kompagnistræde 29 - http://paper-collective.com - 12h-18h, sam. 11h-17h - fermé dim.* Fondée par un ancien du grand éditeur de design Muuto, cette galerie-atelier s'est spécialisée dans les affiches d'art, créées par des illustrateurs, photographes et architectes.

ÎLE DU CHÂTEAU

Plan de quartier **p. 24-25**

Jouets

49 **Boutique du Musée national** – ***E6*** - *Ny Vestergade 10 - ✆ 33 13 44 11 - http://natmus.dk - tlj sf lun. 10h-17h.* Les enfants adorent la sélection de jouets du Musée national : boucliers, casques, épées et déguisements de Vikings, de bonne facture et à tarifs raisonnables. Les grands en profiteront pour jeter un coup d'œil sur les bijoux, les verreries et les cartes postales, le tout inspiré des riches collections du musée, de l'époque préhistorique au Moyen Âge, en passant par les fameux Vikings.

LA VILLE DU 18e SIÈCLE

Plan de quartier **p. 24-25**

Mode

50 **Bitte Kai Rand** – ***F4*** - *Lille Strandstræde 22 - ✆ 33 11 99 30 - www.bittekairand.dk - 10h-18h, sam. 10h-15h - fermé dim.* Les lignes graphiques et épurées de cette marque danoise fondée en 1981 ont un parfum résolument scandinave, qui a d'ailleurs aussi conquis la Norvège, la Suède et la Belgique.

Design

52 **Carl Hansen and Søn** – ***F4*** - *Bredgade 21 - ✆ 64 47 23 60 - www.carlhansen.com - 11h-18h, sam. 10h-15h - fermé dim.* La maison-mère de l'un des plus célèbres et des plus anciens éditeurs de design danois, fondé en 1908. Les modèles sont exportés aujourd'hui dans le monde entier. On y admire notamment les célèbres assises dessinées par Hans J. Wegner dans les années 1960-1970, d'ailleurs exposées au musée du Design tout proche.

53 **Boutique du musée du Design** – ***G3*** - *Bredgade 68 - ✆ 33 18 56 76 - http://designmuseum.dk - tlj sf lun. 11h-17h, merc. 11h-21h.* Ouverte à tous, cette boutique est intéressante car elle réunit un excellent choix de souvenirs aux couleurs du design danois, à tous les prix : papeterie, textile, vaisselle, cartes postales, etc. Nombreuses marques représentées.

Linge de maison

54 Geismars Væverier – **F4** - *Store Strandstræde 21 - 33 33 08 30 - www.geismars.dk - 10h-17h30, vend. 10h-18h, sam. 10h-16h - fermé dim.* Si vous craquez pour la douce chaleur des draps et des couettes des literies danoises, alors vous allez adorer la boutique de cette vénérable enseigne née en 1866, où le linge de lit est d'une extrême douceur. Les prix sont à la hauteur de la qualité.

Grand magasin

70 Magasin – **F5** - *Kongens Nytorv 13 - 33 11 44 33 - www.magasin.dk - 10h-20h.* Une institution que ce grand magasin créé à la fin du 19e s. Sur sept étages se déploient les articles des grandes marques danoises et internationales, de la mode à la décoration, en passant par l'alimentation (grand rayon au sous-sol).

Chocolats

55 Alida Marstrand – **F4** - *Bredgade 14 - 33 15 13 63 - www.alida-marstrand.dk - 11h-17h, jeu. 11h-17h30, sam. 10h-14h - fermé dim.-lun. et j. fériés.* Si l'on se fie au nombre de chocolatiers à Copenhague, les Danois sont gourmands ! On les comprend en découvrant cette chocolaterie à l'ancienne, où toutes les bouchées sont réalisées dans le laboratoire de l'arrière-boutique.

AUTOUR DU CHÂTEAU DE ROSENBORG

***Plan de quartier* p. 24-25**

Concept-store

56 Lot #29 – **F4** - *Gothersgade 29 - 33 14 14 29 - http://https://lot29.dk - 11h-17h30, vend. 11h-18h, sam. 10h30-16h - fermé dim.* Ce concept-store pensé comme un boudoir haut de gamme propose une sélection de pièces de luxe : vêtements, accessoires, cosmétique, décoration, sacs, etc. Que du très bon goût.

Design

74 Gubi Store – **E4** - *Møntergade 19 - 53 61 63 68 - www.gubi.dk - 10h-18h, sam. 10h-16h - fermé dim.* Encore un grand éditeur danois. Dans ce show-room sur deux étages, installé dans un beau bâtiment de 1916, vous reconnaîtrez des objets familiers : la lampe Sauterelle de Greta Grossman (1947), la suspension Turbo de Louis Weisdorf (1965), le miroir Circulaire de Jacques Adnet (1950), la bibliothèque Dédale de Mathieu Matégot (1950)... Une leçon d'histoire du design, grandeur nature.

DE CHRISTIANSHAVN À REFSHALEØEN

Mode

77 The Essence – **H6** - *Mælkebøtten 125 - 53 69 19 80 - www.theessence.dk - lun.-vend. 12h-16h, sam. 12-18h, dim. 12h-16h.* Au cœur de Christinia, cette boutique de sportswear pour toute la famille détonne un peu. De nombreux produits sont siglés « Born in Freetown », preuve que l'esprit libertaire du quartier peut être décliné de multiples façons.

Boutique Playtype.

ABCDEFGHIJ
KLMNOPQRS
TUVWXYZÆØ
PLAYTYPE
MMXIII

NØRREBRO ET ØSTERBRO

Design

57 Urban Room No. 11 – **C2** - *Guldbergsgade 11 - 60 58 22 32 - www.urbanroom.dk - 11h-18h, sam. 10h-16h - fermé dim.* Situé en sous-sol, ce petit concept-store présente des objets des jeunes créateurs danois du moment, à prix raisonnables : bijoux, affiches, déco, textile, mode... Plein de cadeaux made in Copenhagen.

Normann Copenhagen – ***Hors plan*** - *Østerbrogade 70 - 33 55 44 59 - www.normann-copenhagen.com - 11h-17h30.* Spectaculaire, le show-room de cette agence de design danoise vaut le détour : installé dans les 1700 m² d'une ancienne salle de cinéma rénovée, l'écrin immaculé met en scène toute la collection – luminaires et mobilier – signée Jan Andersen et Poul Madsen, avec une sélection d'autres marques dans le même esprit, c'est-à-dire contemporain, tendance minimaliste.

59 Bungalow – **D3** - *Ravnsborggade 17 - 26 15 40 65 - www.bungalow.dk - 11h-17h30, sam. 11h-15h - fermé dim.* Les Danois ont la passion des beaux accessoires de rangement : dans sa boutique, la créatrice Minna Hildebrandt présente un vaste choix de boîtes aux motifs délicats, originaux et colorés. En sortant, on a comme une envie de tout ranger.

Mode

60 Stig P – **D3** - *Ravnsborggade 18 - 70 22 86 18 - www.stigp.net - 11h-18h, sam. 10h-16h - fermé dim.* Une bonne adresse pour se familiariser à la mode danoise : cette marque urbaine chic présente ses collections et une sélection dans le même esprit de marques danoises (Kokoon, FWSS, Coat People, Wood Wood), suédoise (Acne) ou... française (Sessun) ! Quatre autres boutiques (adresses sur le site Internet).

61 Prag – **C3** - *Nørrebrogade 45 - 33 21 00 50 - www.pragcopenhagen.dk - 10h-19h, sam. 10h-18h, dim. 12h-18h.* Tout quartier branché se devant d'avoir un magasin de fripes, voyez celui de Nørrebro. Les prix flambent un peu, contrairement aux fripes de la Croix-Rouge danoise, juste en face. Autre boutique à Vesterbro (Vesterbrogade 98A - 33 79 00 50 - 10h-18h, sam. 10h-17h, dim. 12h-17h).

Langelinie Outlet – ***Hors plan*** - *Langelinie Promenaden - 39 30 82 28 - www.langelinie-outlet.dk - 10h-18h.* À deux pas de la célèbre Petite Sirène, les anciens entrepôts du quai Langelinie abritent les magasins d'usine de plusieurs marques danoises. Avis aux chasseurs de bonnes affaires, vue sur le port industriel en prime.

Céramique

62 Keramiker Inge Vincents – **B2** - *Jægersborggade 27 - 40 70 17 50 - www.vincents.dk - 11h-17h, merc. et vend. 10h-17h30, jeu. 10h-18h (plus tard le 1er jeu. du mois), sam. 11h-15h - fermé dim.* Cette céramiste expose ses modèles aussi fins que du papier dans sa boutique-atelier, toute blanche. Le meilleur de la jeune création, dans la rue la plus en vogue de Nørrebro.

Chocolats

63 Ro Chokolade – **B2** - *Jægersborggade 16 - ✆ 36 96 65 19 - www.ro-chokolade.com - 10h-18h, sam. 10h-16h, dim. 12h-16h.* « RO » pour Rasmus Olsen, les initiales d'un jeune chocolatier qui a fait le pari de cette rue excentrée mais en vogue. Des bouchées bien sûr, mais aussi du chocolat chaud épicé l'hiver et des glaces artisanales l'été. Délicieux.

Brocante

65 Ingerslev Antik – **D3** - *Ravnsborggade 22 - ✆ 40 25 08 89 - www.ingerslevantik.dk - 10h-18h, sam. 10h-16h - fermé dim.* Voilà plus de vingt ans que Gitte Ingerslev tient boutique dans cette rue qui fut celle des antiquaires : 43 boutiques en 2000, une douzaine aujourd'hui. On adore son bric-à-brac de vaisselle, chaises, petits objets et cadres vintage, surtout 20e s.

75 Røde Kors – **C3** - *Fælledvej 4 - ✆ 35 38 35 48 - www.rodekors.dk - 11h30-17h30, sam. 11h-16h - fermé dim.* Bonne adresse pour les chineurs : cette antenne de la Croix-Rouge danoise propose un pêle-mêle d'objets quotidiens, tableaux, céramiques, petit mobilier, à petits prix. On y fait de belles trouvailles. Une autre boutique à deux pas est spécialisée dans les vêtements.

Marchés aux Puces – *Voir p. 117.*

VESTERBRO ET FREDERIKSBERG

Design

67 Dansk Made for Rooms – **C7** - *Istedgade 80 - ✆ 32 18 02 55 - www.danskmadeforrooms.dk - 11h-18h, sam. 11h-16h - fermé dim.* Autrefois malfamée, Istedgade est l'une de ces rues de Copenhague qui se « gentrifie » à toute allure. Bien dans la veine de cette renaissance, ce concept-store met les jeunes designers locaux en vedette. Un autre magasin, Dansk Kitchen, a ouvert au n° 64 de la même rue (mêmes horaires).

68 Playtype – **C6** - *Værnedamsvej 6 - ✆ 60 40 69 14 - http://playtype.com - 12h-18h, sam. 11h-16h - fermé dim.* Une curiosité : le seul magasin de typographie au monde, avec les lettres de l'alphabet savamment mises en scène sur les affiches, tee-shirts, vaisselle... Encore une bonne surprise de Værnedamsvej.

Marchés aux Puces – *Voir p. 117.*

AUX ALENTOURS : ROSKILDE

Gastronomie, jouets

Lützhøfts Købmandsgård - Carte Sjælland – *Ringstedgade 6-8 - ✆ 46 35 00 61 - www.roskildemuseum.dk - mar. 10h-16h, merc. 10h-21h, jeu.-dim. 10h-16h - fermé lun.* Annexe du musée de Roskilde, cette maison recrée le décor d'une quincaillerie-épicerie des années 1920 avec, au milieu de brosses artisanales, une sélection de denrées alimentaires danoises traditionnelles et de jouets à l'ancienne. Jetez aussi un coup d'œil à l'antique boucherie adjacente et au musée des Vieux Métiers à l'étage dans la cour.

Sortir

Bon à savoir – La scène culturelle de Copenhague est d'une surprenante richesse : Théâtre royal (danse, théâtre et art lyrique), Opéra royal, Maison des Spectacles (pour l'art dramatique) : programmation et tickets sur https://kglteater.dk. Vous trouverez des billets à prix réduits délivrés pour le jour même au **kiosque** situé à l'angle de Fiolstræde et Nørre Voldgade *(lun.-vend. 12h-19h, sam. 12h-15h).* Voir aussi www.ticketmaster.dk et www.billetlugen.dk.

Repérez les adresses sur nos plans grâce aux pastilles numérotées (ex. 1). Les coordonnées en rouge (ex. C2) font référence au plan détachable (à l'intérieur de la couverture).

CONCERTS

21 **Jazzhus Montmartre** – ***F4*** - *Store Regnegade 19A - 31 72 34 94 - www.jazzhusmontmartre.dk - rest. ouv. jeu.-sam. 17h30-23h30.* Un excellent club de jazz en plein centre-ville, qui a accueilli tous les grands maîtres du genre.

Amager Bio – ***Hors plan*** - *Øresundsvej 6 - 32 86 08 80 - www.amagerbio.dk.* Dans un ancien cinéma, cette grande salle programme pas moins de 125 concerts par an, du rock à la variété en passant par le jazz, l'électro, le classique, etc.

24 **Drop In** – ***E5*** - *Kompagnistræde 34 - 33 11 24 04 - http://drop-inn.dk - lun.-mar. 14h-3h, merc.-sam. 14h-5h, dim. 14h-20h.* Commodément située dans le centre historique, cette salle de concerts fondée en 1934 est réputée pour sa programmation rock, blues et soul.

25 **Friday Rock** – ***D6*** - *Vesterbrogade 3 - 33 15 10 01 - www.fredagsrock.dk - ♿ - l'entrée du parc Tivoli ouvre droit aux concerts, qui commencent à 22h.* Aux beaux jours, la réouverture de Tivoli s'accompagne des « Vendredis du Rock », des concerts en plein air avec des artistes danois et internationaux.

26 **VEGA** – ***B7*** - *Enghavevej 40 - 33 25 70 11 - http://vega.dk.* Installée dans un bâtiment construit en 1956 par Vilhelm Lauritzen, cette salle de concerts est l'une des plus connues du Danemark. Son décor Fifties ajoute au charme des nombreux concerts (env. 250 par an).

Koncerthuset – ***Hors plan*** - *Ørestads bd 13 - 35 20 62 62 - http://drkoncerthuset.dk - 3 km au sud du centre (100 m au nord du métro DR Byen Universitetet, ligne M1).* Conçu par l'architecte français Jean Nouvel, cet immense cube bleu accueille aussi bien des concerts classiques que du jazz, de la pop ou du rock. Sur les quatre côtés de l'ouvrage, on peut projeter les spectacles joués à l'intérieur.

UNDERGROUND

27 **Culture Box** – ***F3*** - *Kronprinsessegade 54A - 33 32 50 50 - www.culture-box.com -*

vend.-sam. 23h-8h. Cette discothèque à l'allure d'un squat destroy fait figure de temple de l'électro à Copenhague. Les plus grands DJ's européens sont passés dans cet établissement à l'ambiance effervescente. Du pur underground scandinave…

28 **Loppen** – ***G6*** - *Sydområdet 4B - ✆ 32 57 84 22 - http://loppen.dk - 20h30-2h, vend.-sam. 21h-2h.* Ce restaurant-bar et galerie d'art de Christiania se transforme après 21h en salle de concerts alternatifs : rock indie, punk, metal, reggae, hip-hop et jazz.

29 **KB18** – ***C8*** - *Kødboderne 18 - ✆ 33 31 39 33 - http://kb18.net.* Électro, techno, punk rock, rock alternatif et garage raisonnent à plein volume dans ce bar des anciens abattoirs, au décor un peu trash, graffé du sol au plafond.

BARS MUSICAUX

30 **Café Mandela** – ***D7*** - *Onkel Dannys Plads 9 - ✆ 33 22 17 09 - www.cafemandela.dk - 10h-0h, vend.-sam. 10h-2h, dim. 10h-20h.* Avec sa charpente en bois coiffant l'un des bâtiments des anciens abattoirs, ce café est aussi agréable en journée que le soir. Musique live le week-end et terrasse aux beaux jours.

31 **Mojo Blues Bar** – ***E6*** - *Longangstræde 21C - ✆ 33 11 64 53 - www.mojo.dk - tlj 20h-5h.* Bar affichant une large programmation de concerts tous les jours, avec souvent une deuxième partie discothèque à partir de 1h ou 2h. Pas de vente de billet, mais réservation de table.

32 **Simpelt V** – ***C7*** - *Istedgade 96 - ✆ 69 69 20 25 - www.simpeltv.dk - merc.-jeu. 20h-3h, vend.-sam. 20h-5h.* Symbole de la renaissance d'Istedgade, une artère autrefois malfamée proche de la gare centrale, ce bar à cocktails fait le plein de fêtards chaque week-end, grâce à des prix raisonnables, de la musique à plein volume et même… l'autorisation de fumer à l'intérieur !

Halvandet – ***Hors plan*** - *Refshalevej 325 - ✆ 70 27 02 96 - http://halvandet.dk - merc. 15h-21h, jeu. 15h-22h, vend. 12h-23h, sam. 11h-23h, dim. 11h-20h.* Tout au nord de Refshaleøen, se cache ce lieu improbable que l'on atteint après avoir longé entrepôts et bassins. Là sont réunis un restaurant, un bar, un terrain de beach-volley, un sauna et un espace de concert en plein air. L'ambiance y est plus que détendue avec l'impression d'être au bout du monde.

DISCOTHÈQUES

33 **Rust** – ***C2*** - *Guldbergsgade 8 - ✆ 35 24 52 00 - www.rust.dk - vend.-sam. 20h30-5h - boîte de nuit 80 DKK.* Une adresse branchée de Nørrebro, à la fois salle de concerts (électro, hip-hop, rock indie) et boîte de nuit sur 3 étages. Entrée réservée aux plus de 20 ans après 23h.

35 **Zefside** – ***E6*** - *Frederiksholms Kanal 4 - ✆ 28 46 89 87 - www.zefside.dk - jeu. et sam. 20h-5h, vend. 16h-5h.* Dans le centre historique, la piste de danse de ce bar à cocktails est enflammée chaque fin de semaine. Les DJ's programment du lounge, de l'électro et de la techno.

Se loger

Les hôtels sont plutôt chers dans le cœur de Copenhague, mais en choisissant un hébergement dans le **centre historique** ou la **ville du 18e s.**, vous pourrez quasiment tout visiter à pied.
Légèrement meilleur marché, les quartiers périphériques sont aussi plus authentiques, en particulier **Nørrebro** et **Frederiksberg**, nos préférés. Il vous faudra alors 30mn à pied (15mn à vélo ou en bus) pour rejoindre le centre.
De nombreux hôtels proposent un service de location de vélo. Pratique mais souvent un peu plus cher que les loueurs indépendants *(voir p. 121)*.

Repérez les adresses sur nos plans grâce aux pastilles numérotées (ex. 1). Les coordonnées en rouge (ex. C2) font référence au plan détachable (à l'intérieur de la couverture).

CENTRE HISTORIQUE

De 160 à 210 €

1 **Hotel SP34** – **D5** - *Sankt Peders Stræde 34 - 33 13 30 00 - www.brochner-hotels.dk* - P *215 DKK/24h* - ♿ - *118 ch. - 1250 DKK* ☕ *198 DKK* - ✕. Idéalement situé dans le Quartier latin, l'ancien hôtel Fox a été entièrement rénové par son nouveau propriétaire, un groupe familial danois spécialisé dans les hôtels de charme. Inauguré en 2014, l'établissement mérite ses quatre étoiles : chambres élégantes, terrasse panoramique, deux restaurants, bar-lounge, salle de fitness... Du haut de gamme. Mention spéciale pour le petit-déjeuner bio.

2 **First Hotel Kong Frederik** – **D5** - *Vester Volgade 25 - 33 12 59 02 - www.firsthotels.com - 110 ch. - 1 729/2 295 DKK* - ☕ *100/155 DKK* - ✕. Ce bâtiment du 18e s. abrite un hôtel de luxe où ont séjourné quelques célébrités, parmi lesquelles Julio Iglesias et Jimmy Carter. Chambres impeccables agrémentées d'un mobilier ancien. Néanmoins, pour le même prix, les chambres sont plus ou moins grandes.

AUTOUR DE LA GARE CENTRALE

Moins de 90 €

3 **Danhostel Copenhagen City** – **E7** - *H.C. Andersens Bd 50 - 33 11 85 85 - www.danhostel.dk* - ♿ - *192 dortoirs et ch. - 700/1 200 DKK* - ☕ *75 DKK* - ✕. Cette société, très bien implantée au Danemark, garantit des dortoirs bien tenus, des salles de bains propres, une cuisine collective rénovée récemment et de nombreuses facilités. Vous trouverez également des chambres à des prix attractifs. Un bon plan pour ne pas payer trop cher, mais mieux vaut réserver.

Plus de 260 €

4 **Radisson Blu Royal Hotel** – **D6** - *Hammerichsgade 1 - 33 42 60 00 - www.radissonblu.com* - P

♿ - 260 ch. - 2 895/3 795 DKK ☕ - ✕. Bienvenue dans une icône du design : ce gratte-ciel construit en 1960 face à la gare centrale est le seul hôtel réalisé par Arne Jacobsen, l'une des grandes figures du design danois. Les célèbres chaises Swan et Egg ont été dessinées pour le hall de l'hôtel, puis éditées dans le monde entier. Seule chambre restée intacte depuis sa création, la suite 606 est un must. Salle de fitness et Spa. Café gratuit.

LA VILLE DU 18e SIÈCLE

Moins de 90 €

5 **Generator Hostel** – **F4** - *Adelgade 5-7 - ✆ 78 77 54 00 - http:// https://generatorhostels.com - ♿ - 175 dortoirs et ch. - 900/5 000 DKK -* ✕. Avec sa décoration dans l'air du temps, cette adresse symbolise bien le renouveau des auberges de jeunesse. Centrale (entre le Quartier latin et le château de Rosenborg), lumineuse et bien tenue (les parties communes ont été rénovées), elle dispose de dortoirs de 6/8 lits, dont certains réservés aux filles, et de chambres privées (2, 3 ou 4 pers.). Bar, laverie, terrasse extérieure.

De 90 à 160 €

12 **WakeUp Hotel** – **F4** - *Borgergade 9 - ✆ 44 80 00 00 - www.wakeupcopenhagen.com - P ♿ - 498 ch. - 800/1600 DKK - ☕ 90 DKK.* Un bon plan malgré son côté « usine à dormir » : ce gigantesque et récent hôtel est en effet très bien situé pour ses tarifs (plus on réserve à l'avance, moins c'est cher). Les prestations des chambres sont aussi séduisantes à ce prix, avec TV écran plat, mobilier design et matelas confortable. Notre conseil : prendre son petit-déjeuner dans un café du quartier, plutôt que dans la salle impersonnelle. Une 2e adresse, plus excentrée, est près de la gare centrale (Carsten Niebuhrs Gade - voir site Internet).

6 **Hotel Bethel** – **G5** - *Nyhavn 22 - ✆ 33 13 03 70 - www.hotel-bethel.dk - 29 ch. - 1 950/1 295 DKK ☕.* Fort bien situé, au bord du célèbre canal de Nyhavn, l'hôtel, en partie rénové, occupe un bâtiment contigu à une église. Le cadre est sobre, voire austère, mais les chambres sont propres et confortables. Certaines jouissent d'une vue exceptionnelle, les autres sont au calme côté cour. Thé et café en libre-service toute la journée.

Plus de 160 €

7 **Babette Guldsmeden** – **G3** - *Bredgade 78 - ✆ 33 14 15 00 - http:// guldsmedenhotels.com - 98 ch. - 1 195/1 995 DKK - ☕ 185 DKK.* Ce groupe familial est spécialisé dans l'hôtellerie durable. Les chambres de sa dernière acquisition ouvrent sur le parc de la Citadelle. La décoration chaleureuse, les petits-déjeuners copieux, les vélos en location, le service attentif et le Spa sur le toit achèvent d'en faire l'une de nos adresses préférées dans sa catégorie.

8 **Admiral** – **G4** - *Toldbodgade 24-28 - près de Nyhavn - ✆ 33 74 14 14 - http://admiralhotel.dk - P 160 DKK/24h - 366 ch. - 945/3 995 DKK ☕ 150 DKK -* ✕.

Cet imposant bâtiment historique se dresse en bordure de rivière. La décoration intérieure de style marin mélange l'ancien et le moderne. Chambres soignées, mais parfois étroites, comme les salles de bains. Celles qui donnent sur la rivière sont plus chères, de même que certaines suites familiales (2 895/3 995 DKK pour 4 pers.).

AUTOUR DU CHÂTEAU DE ROSENBORG

Moins de 90 €

9 **Jørgensen** – **D4** - *Rømersgade 11 - ✆ 33 13 81 86 - www.hoteljoergensen.dk - P 250 DKK - 14 dortoirs et ch. - 825/950 DKK ☕ 45 DKK.* Une des plus anciennes auberges de jeunesse de la ville. Idéalement située, proche du métro Nørreport et du Quartier latin, cette bâtisse massive abrite également un hôtel. Les espaces communs sont bien organisés. Chambres et dortoirs un peu étroits mais prix avantageux.

De 170 à 280 €

10 **Ibsens Hotel** – **D4** - *Vendersgade 23 - ✆ 33 13 19 13 - www.arthurhotels.dk/ibsens-hotel/- 118 ch. ☕ 155 DKK -* ✕. À deux pas du marché couvert de Torvehallerne et de la station Nørreport, cet hôtel aux chambres agréables se distingue par un service de qualité et la gamme de ses prestations : tarif réduit à 250 DKK pour l'entrée à l'Oriental Temple Water du Ni'mat Spa, tarif réduit à 50 DKK pour l'accès à la salle de fitness de l'hôtel Kong Arthur, verre offert de 17h à 18h.

VESTERBRO ET FREDERIKSBERG

Moins de 100 €

11 **Løven** – **C6** - *Vesterbrogade 30 - ✆ 33 79 67 20 - www.loevenhotel.dk - P (à 500 m) - 56 dortoirs et ch. - 899/1 549 DKK - ☕ 70 DKK -* ✕. Les auberges de jeunesse proche du centre de Copenhague sont rares. Celle-ci a l'avantage d'être propre, bien tenue, et de proposer des chambres simples, doubles et triples, redécorées récemment (avec ou sans salle de bains attenante), en plus des dortoirs. Cuisine collective.

De 105 à 174 €

13 **Hotel Sct. Thomas** – **B6** - *Frederiksberg Allé 7 - ✆ 33 21 64 64 - www.hotelsctthomas.dk - 60 ch. - 495/1 695 DKK ☕.* Avec ses tarifs raisonnables, ce petit hôtel familial et calme affiche souvent complet pendant les vacances scolaires. Lumineuses, les chambres sont bien tenues. Une bonne affaire malgré un important vis-à-vis et des salles de bain étriquées.

De 125 à 250 €

14 **66 Guldsmeden** – **C6** - *Vesterbrogade 66 - ✆ 33 22 15 00 - http://guldsmedenhotels.com - 64 ch. - 1 295/1 795 DKK - ☕ 155 DKK.* Autre établissement de la chaîne Guldsmeden, cet hôtel se distingue par son cachet et son décor, pour un prix qui reste convenable. Élégant et confortable, il est aisément accessible en vélo et à pied (env. 10mn de la gare centrale), situé sur une grande artère animée, au cœur d'un quartier populaire et sympathique, entre Frederiksberg et Vesterbro. Réductions très intéressantes en passant par l'office de tourisme.

3540 km Nuuk
2109 km Reykjavík
1313 km Tórshavn

Copenhague pratique

Préparez votre voyage

Votre séjour de A à Z

Agenda culturel

Quartier de Christianshavn.

E. Boucher/Michelin

Préparez votre voyage

FORMALITÉS D'ENTRÉE

Pièces d'identité – Les ressortissants des pays de l'**Union européenne** (UE) et les Suisses doivent être en possession d'une carte d'identité ou d'un passeport en cours de validité ; ils pourront alors séjourner au Danemark et en Suède pendant trois mois au maximum. Pour les **Canadiens**, un passeport en cours de validité est nécessaire.
Contrôles – Les contrôles aux frontières ont été rétablis par le gouvernement danois depuis la crise des réfugiés. C'est le cas tout particulièrement pour les frontières entre le Danemark et la Suède.
Douanes – Certaines marchandises et sommes d'argent en valeur (d'un montant égal ou supérieur à 10 000 €) doivent être déclarées. La situation évoluant régulièrement, pensez à vous renseigner avant le départ. www.skat.dk et www.douane.gouv.fr.

VENIR EN AVION

Compagnies régulières

SAS (Scandinavian Airlines System) – 0 825 325 335 (0,15 €/mn, France) ; 02 643 69 00 (Belgique) ; 0848 117 100 (Suisse) - www.flysas.com. Vols pour Copenhague au départ de Paris, Nice, Bruxelles, Genève ainsi que Biarritz, Montpellier, Toulon (l'été).
Air France – 36 54 (0,34 €/mn) - www.airfrance.fr. Vols pour Copenhague au départ de Paris.
Brussels Airlines – 0 902 51 600 (0,75 €/mn) - www.brusselsairlines.com. Vols pour Copenhague au départ de Bruxelles.

Compagnies low-cost

Norwegian – www.norwegian.com. Vols pour Copenhague au départ de Paris, Nice, Bastia et Montpellier.
EasyJet – www.easyjet.com. Vols pour Copenhague au départ de Paris, Lyon, Genève et Bâle/Mulhouse.
Vueling – www.vueling.com. Vols pour Copenhague au départ de Paris.
Ryanair – www.ryanair.com. Vols pour Copenhague au départ de Bruxelles-Charleroi.

ARGENT

Devises – La monnaie est la couronne (*krona* – abréviation kr ou DKK) divisée en 100 øre.
Taux de change : 1 € = 7,45 DKK *(au moment de la rédaction de ce guide)*.
Cartes de paiement – Les principales cartes de crédit (Access, American Express, Diners, Eurocard, Visa et MasterCard) sont acceptées dans les hôtels, restaurants, agences de location de voitures et les magasins.
Bon à savoir – Beaucoup de commerçants, notamment les hôteliers et restaurateurs, facturent des frais supplémentaires (de 3 à

5 %) pour les paiements par carte étrangère.
Les cartes de crédit permettent aussi de retirer des devises dans la plupart des distributeurs automatiques. Les retraits sont soumis à une commission bancaire. Renseignez-vous auprès de votre banque pour connaître les conditions d'utilisation de votre carte à l'étranger.

DÉCALAGE HORAIRE

Il n'y a pas de décalage horaire avec la France, la Belgique et la Suisse.

QUAND PARTIR

L'été est la période idéale pour découvrir Copenhague : les journées sont longues et les températures douces (moyennes de 25 °C). Les pluies sont tout de même fréquentes et la température de la mer ne dépasse pas 19 °C.
Les mois de **mai et septembre** sont aussi agréables, assez lumineux mais pas encore trop frais.
Grâce aux influences du Gulf Stream, l'**hiver** est moins rigoureux que dans le reste de la Scandinavie (autour de 0 °C) mais le manque de lumière, le vent et la pluie peuvent décourager les frileux. Néanmoins, la **période de l'Avent**, avec les décorations, les marchés de Noël qui illuminent la ville et le parc d'attractions de Tivoli *(voir p. 40)*, est magique.

BUDGET

Copenhague est régulièrement classé en tête du hit-parade des capitales les plus chères du monde. Le coût de la vie est en moyenne 20 % plus cher qu'en France. Cela dit, la qualité des services est excellente et les voyageurs à petits budgets pourront se loger en auberge de jeunesse et trouveront dans les supermarchés de quoi se restaurer à prix modiques.

POUR EN SAVOIR PLUS

Le Danemark n'a plus d'office de tourisme en France, en Suisse, au Luxembourg ni au Canada. Toutes les demandes de renseignements passent par Internet, sur le site **www.visitcopenhagen.com**, très complet en termes d'informations touristiques, mais uniquement en anglais.

Office de tourisme sur place

Copenhagen Visitor Centre – *voir p. 118.*
www.visitdenmark.fr – Le site officiel d'informations touristiques sur le Danemark, en français.

Sites Internet et blogs en anglais

www.aok.dk – Cafés, vie nocturne, shopping : les adresses tendance.
https://brinklercph.com – Un blog élégant, dédié au design.
www.copenhagenize.com – Blog sur le vélo à Copenhague.
http://cphpost.dk – Site du journal *The Copenhagen Post.*
https://danishexchange.com – Le blog d'une expatriée sud-africaine.
www.scandinaviastandard.com – Pour les scandinophiles, écrit par des amoureux de Copenhague.
http://thecopenhagentales.com – Blog d'une expatriée allemande, plein de bonnes adresses.

Votre séjour de A à Z

AMBASSADES

France – Kongens Nytorv 4 - DK-1050 Copenhague K - ✆ 33 67 01 00 - https://dk.ambafrance.org.
Belgique – Øster Allé 7 - DK-2100 Copenhague - ✆ 35 25 02 00 - www.denmark.diplomatie.belgium.be.
Suisse – Richelieus Allé 14 - DK-2900 Hellerup - ✆ 33 14 17 96 - www.eda.admin.ch/copenhagen.
Grand-Duché de Luxembourg – Fridtjof Nansens Plads 5/1 - DK-2100 Copenhague - ✆ 35 26 82 00 - http://copenhague.mae.lu.

BATEAU

Outre les bateaux-bus *(voir p. 120)* et les visites guidées en bateau *(voir p. 122)*, il est tentant de profiter aux beaux jours de sa propre embarcation pour un tour privé.
11 **Go Boat** – ***E7*** - *Islands Brygge 10 - ✆ 40 26 10 25 - www.goboat.dk - tlj 9h30-coucher du soleil - 449 DKK/1h, 799 DKK/2h, jusqu'à 8 pers.* L'option la plus populaire à Copenhague : un petit bateau à moteur solaire dont vous êtes le capitaine. Idéal pour un pique-nique ou un apéro sur les canaux.
12 **Kayak Republic** – ***F6*** - *Børskaj 12 - ✆ 22 88 49 89 - www.kayakrepublic.dk - tlj avr. 12h-17h, mai-sept. 12h-19h, juin-août 10h-21h - 175 DKK/1h pour un kayak simple, 275 DKK pour un kayak double.* Pour les plus sportifs, le kayak est un bon moyen de découvrir la ville à son rythme depuis les canaux.
Sont également proposés des circuits thématiques avec un guide.

COPENHAGEN CARD

Voir p. 3.

ÉLECTRICITÉ

Le courant alternatif 220 V prédomine dans toute la Scandinavie, avec des prises circulaires à deux broches.

GRATUITÉ

La plupart des parcs et des églises de Copenhague sont gratuits, ainsi que certains musées, dont le Musée national. Le nouveau belvédère de la tour du château de Christiansborg est aussi en libre accès.

HORAIRES

Banques – Ouvertes de 10h à 16h du lundi au vendredi (18h le jeudi).
Magasins – Ouverts de 10h à 18h du lundi au jeudi, de 10h à 19h le vendredi, et de 10h à 16h le samedi. Dans le centre, de grandes enseignes ouvrent aussi le dimanche, généralement de 12h à 16h. Quelques magasins sont ouverts 24h/24 et disposent de distributeurs de billets.

INTERNET - WIFI

Wifi gratuit dans la grande majorité des hôtels et auberges de jeunesse, des cafés et restaurants, à l'office de tourisme et certains bâtiments publics.

JOURS FÉRIÉS

1er janvier
Jeudi et Vendredi saints
Dimanche et lundi de Pâques : le week-end de Pâques, période festive en famille, est le week-end férié par excellence. Tout est fermé, et la ville est désertée pendant 5 jours.
4e vendredi après Pâques : Jour national de prière
Jeudi de l'Ascension
Dimanche et lundi de Pentecôte
5 juin : Jour de la Constitution
24, 25 et 26 décembre
Les veilles de jours fériés, les établissements (musées, cafés, restaurants, boutiques) ferment plus tôt que d'habitude.
Les vacances d'été durent de la fin du mois de juin à la mi-août.

LANGUE

La plupart des Danois parlent parfaitement l'anglais.
L'alphabet danois comprend plus de lettres que l'alphabet français ; en voici la prononciation :
Å (ou Aa) se prononce « au »
Æ et **Ä** se prononcent « ai »
Ø et **Ö** se prononcent « eu »
U se prononce « ou »
Y se prononce « u »

MAGAZINES ET JOURNAUX

La plupart des magazines cités ci-après sont disponibles à l'office de tourisme ou au centre d'information de l'aéroport *(voir p. 3)*.
The Copenhagen Post – Journal hebdomadaire en anglais *(http://cphpost.dk)*. Des news, un dossier culturel complet et une rubrique « In & Out » pour être au courant de tout ce qui bouge dans la capitale.
Best of Copenhagen – Publication annuelle proposant des « top 10 » des musées, hôtels, restaurants, bars, clubs, etc. Pratique pour les brefs séjours.

MARCHÉS AUX PUCES

Nørrebro – Dans ce marché de bric et de broc sur Nørrebrogade, les chineurs trouveront la pièce coup de cœur. *Mai-oct. : sam. 8h-15h.*
Østerbro – Très sympathique et facile d'accès, à côté de la gare de Svanemølle. *Mai-sept. : dim. 9h-16h.*
Frederiksberg – Derrière la mairie de Frederiksberg, ce marché aux Puces est l'un des plus fréquentés de la ville. *De mi-mai à mi-oct. : sam. 8h-15h.*

Pas de panique !
Appel d'urgence européen : *✆ 112*
Urgences médicales : *✆ 1813 ou www.1813.dk*
Police : *✆ 114*
Centre anti-poison : *✆ 82 12 12 12*
Objets trouvés : *✆ 38 74 88 22*
Perte cartes bancaires :
Amex : *✆ 01 47 77 72 00*
Visa : *✆ 80 01 02 77*
Master Card : *✆ 80 01 60 98*

OFFICE DE TOURISME

Copenhagen Visitor Centre – *Vesterbrogade 4A (près de la gare centrale) - ☎ 70 22 24 42 - www.visitcopenhagen.com - juil.-août : lun.-vend. 9h-20h, w.-end. 9h-18h ; mai-juin et sept. : lun.-sam. 9h-18h, dim. 9h-16h ; mars-avr. : tlj 9h-16h ; oct.-fév. : lun.-sam. 9h-16h, dim. 9h-14h - fermé 1er janv., lun. de Pâques, 24-25 déc.* Près de la gare centrale et du parc Tivoli. Dans cet espace moderne, de très nombreuses informations sont fournies, en anglais, sur les événements, les divertissements, les transports et une sélection de restaurants. À l'entrée, des offres d'hébergement. Également une billetterie pour les musées, possibilité d'acheter la Copenhagen Card *(voir p. 3)* et un service de location de voitures. Wifi gratuit.

PERSONNES HANDICAPÉES

Copenhague est bien équipée pour les personnes à mobilité réduite. La ville est plate et on y circule aisément. Voirie (feux de signalisation sonores, larges trottoirs) et transports sont aménagés. La plupart des sites touristiques sont dotés d'accès pour les fauteuils roulants (indiqués dans ce guide par le pictogramme ♿). Cependant, dans le centre-ville, de nombreux établissements (commerces, cafés, restaurants) ne sont pas de plain-pied mais en demi-niveau : il y a donc quelques marches à monter ou à descendre pour y accéder.

PHARMACIE

Les pharmacies *(apotek)* ont les mêmes heures d'ouverture que les magasins *(voir p. 116)*.
Pharmacies ouvertes 24h/24 : Steno Apotek (Vesterbrogade 6C - ☎ 3314 8266) ; Sønderbro Apotek (Amagerbrogade 158 - ☎ 3258 0140).

POSTE

Les timbres sont vendus dans les bureaux de poste, dans de nombreux kiosques, ainsi que dans les papeteries. Comptez 16 DKK pour envoyer une carte postale en France en tarif économique (de 5 à 8 j.), 25 DKK en prioritaire (de 2 à 3 j.). Les bureaux de poste ouvrent du lundi au vendredi de 9h30 à 17h (17h30 le jeudi) et de 9h à 13h le samedi. Les boîtes aux lettres sont rouges.

RESTAURATION

Le **petit-déjeuner** est un repas varié qui comprend différentes sortes de pains, du beurre, du fromage, du concombre et des tomates, de la charcuterie ou du poisson. Les Danois mangent aussi beaucoup de céréales et de fruits. Ils consomment parfois de la bouillie d'avoine *(grød)*, servie avec du lait et des airelles. Ils boivent du café ou du thé.
Le **déjeuner** se réduit le plus souvent à un simple en-cas constitué des *smørrebrød*, les célèbres tartines de pain de seigle garnies.
Le **dîner**, repas principal, est pris de la fin de l'après-midi au début de la

soirée. Il comprend un plat de viande ou de poisson, des légumes et un dessert.
Bon à savoir – Les Danois dînent tôt (dès 18h), surtout en hiver. Il est prudent de réserver.

SPA/SAUNA

13 **Ni'Mat** – **D4** - *Vendersgade 27 - 33 15 89 55 - www.nimat.dk - lun.-vend. 10h-21h, sam. 10h-20h, dim. 10h-18h.* Le plus grand Spa de Copenhague propose un très grand choix de massages et traitements. L'accès seul à l'Oriental Temple Water est possible (lun.-jeu., 350 DKK).
14 **CopenHot** – **H1** - *Refshalevej 325 - 31 32 78 08 - http://copenhot.com - tlj 13h-21h.* Attenant au Halvandet, ce Spa offre des options originales telles un bateau-spa navigant sur les canaux, un sauna avec vue sur le port ou les économiques Hot Days (200 DKK/2h, réserv. recommandées).

TABAC

Il est interdit de fumer dans les lieux publics y compris les restaurants et bars. L'achat de cigarettes est interdit aux moins de 18 ans et la cigarette électronique reste rare.

TAXIS

Les transports en commun étant fiables et bien organisés, l'utilisation des taxis n'est pas très répandue à

F. Capelani/Michelin

Dolce vita à la Banchina.

Copenhague. Si toutefois vous en aviez besoin, la prise en charge est de 24 DKK, 37 DKK pour une réservation par téléphone. Le prix au km oscille entre 15,25 et 19,15 DKK selon l'heure. Quelques compagnies :
Amagerobro Taxi (✆ 27 27 27 27) ;
Codan Taxi (✆ 70 25 25 25) ;
Hovedstadens Taxi (✆ 38 77 77 77).

TÉLÉPHONE

Appels nationaux

Composez le numéro du correspondant, avec le **0 initial** pour le **Danemark**.

Appels internationaux

Depuis la France – Composez le 00 + 45 + numéro du correspondant sans le 0 initial.
Vers la France – Composez le 00 + 33 (32 vers la Belgique, 41 vers la Suisse, 1 vers le Canada) + le numéro du correspondant sans le 0 initial.

Téléphones portables

Si vous avez un abonnement avec l'option « international », vous n'avez pas de frais de *roaming*, et pouvez donc appeler librement dans les limites du forfait prévu par votre opérateur. Sinon, vous pouvez acheter des cartes chez les opérateurs danois comme Telenor et TDC (à condition que votre téléphone soit « débloqué » et accepte d'autres cartes sim).

TRANSPORTS EN COMMUN

Voir plan des transports (métro et S-Tog) au verso du plan détachable.
La ville possède un bon réseau de bus *(www.moviatrafik.dk, en danois)* et de trains *(www.dsb.dk)*, qui circulent 24h/24.
Le **métro** Ⓜ *(www.m.dk, en danois et en anglais)*, automatisé, compte 2 lignes (M1 et M2). Deux autres sont en construction et devraient être livrées d'ici à 2019 *(voir encadré p. 22)*.
Le **S-Tog** Ⓢ**,** équivalent de notre RER, compte 7 lignes. Les bus sont moins pratiques pour les non-résidents.
Les **bateaux-bus** *(havnebus)* du réseau public constituent une bonne alternative aux croisières privées sur les canaux, plus chères et un peu décevantes : ces navettes jaunes relient Refshaleøen et Telgholmen, la portion la plus intéressante pour les visiteurs se situant entre l'Opéra, Nyhavn, Knippelsbro et la Bibliothèque royale. Les billets sont valables sur ces quatre modes de transport. Chaque ticket, dont le prix dépend du nombre de zones, donne droit à un trajet d'une heure. Il peut être économique d'acheter un **City pass** valable 24h (80 DKK, -16 ans 40 DKK) ou 72h (200 DKK, -16 ans 100 DKK).
La Copenhagen Card *(voir p. 3)* inclut l'accès aux transports.
Vous trouverez des machines automatiques de vente de billets à l'**aéroport de Kastrup** ; les pass 24h et 72h sont valables pour rejoindre le centre-ville depuis l'aéroport, situé en zone 3. Sinon, un aller simple entre l'aéroport et le centre-ville coûte 36 DKK (env. 4,80 €).

VÉLO

S'il est une capitale à découvrir à vélo, c'est celle-ci. Championne des transports doux, Copenhague chouchoute les adeptes du deux-roues depuis de longues années. Bien isolées du flux automobile, de nombreuses voies sont pensées pour le bien-être et la sécurité des cyclistes, avec panneaux et feux adaptés. Des couloirs prioritaires (sur de grands croisements) et des voies vertes ont aussi été aménagés en plein centre. Ajoutez à cela un relief tout plat, de multiples garages à vélos et des cyclistes copenhagois fort courtois avec les néophytes : voilà une capitale bien agréable à découvrir en pédalant.

Info sur le vélo à Copenhague : www.visitcopenhagen.com/copenhagen/bike-city-copenhagen *(voir aussi nos propositions de circuits à vélo p. 10 et « Pour en savoir plus » p. 132).*

Vélos municipaux

Bycyklen, le système de location de vélos mis en place par la mairie de Copenhague, fut l'un des premiers au monde à être lancé dans une ville à grande échelle, dès 1995. Il dispose aujourd'hui d'un parc de 2500 vélos haut de gamme, avec assistance électrique et GPS. Tarifs : à partir de 30 DKK/h. Possibilité de réserver sur le site Internet **www.bycyklen.dk**

Location

Comptez de 75 à 120 DKK la journée pour un modèle standard, avec rétropédalage. La location d'un casque est en sus, celle d'un panier de guidon parfois comprise. Pratique mais un peu plus chère, la location de vélo est souvent proposée par les hôtels.

Baisikeli – *Ingerslevsgade 80 - ☎ 26 70 02 29 - www.baisikeli.dk - tlj 10h-18h - 80 DKK/6h, 110 DKK/24h.* Location de vélos pour tous les budgets. Baisikeli a aussi lancé un programme d'aide au Mozambique, où des vélos sont envoyés, réparés et revendus.

Copenhagen Bicycles – *Nyhavn 44 - ☎ 35 43 01 22 - http://copenhagenbicycles.dk/- tlj 8h30-17h30 - 90 DKK/3h, 110 DKK/6h, 120 DKK/24h.* Commodément situé à Nyhavn. Propose des circuits de découverte accompagnés.

Københavns Cykelbørs – *Gothersgade 157 - ☎ 33 14 07 17 - www.cykelborsen.dk/- lun.-vend. 10h-17h30, w.-end et j. fériés 10h-14h.* Un acteur historique important, depuis 1881, dans le développement du vélo à Copenhague. Propose des circuits autoguidés avec GPS.

Cykelsmeden i Nørregade – *Nørregade 30 - (300 m au nord de la cathédrale) - ☎ 33 93 62 00 - www.rentyourbikehere.dk - 7h30-20h, sam. 10h-18h, dim. 10h-16h - visites guidées sur réserv.* Central, ce loueur propose des prix très compétitifs. Le site Internet regorge de conseils pour circuler dans Copenhague.

Voir « Voyager autrement », p. 122.

En vélotaxi

Flying Tigers Rickshaw – *Strandlodsvej 15E - ☎ 26 18 58 00 - www.flyingtigers-rickshaw.dk.* Pour faire le tour de la ville avec un guide (possibilité en français), tranquillement installé dans une carriole tractée par un vélo.

Quelques conseils de sécurité

Restez sur les pistes cyclables et ne roulez jamais dans les rues piétonnes. Respectez les feux de signalisation (certains sont dédiés aux cyclistes). Signalez avec le bras que vous tournez et levez un bras en l'air pour prévenir quand vous vous arrêtez. Le port du casque est conseillé, même s'il n'est pas obligatoire pour les adultes (il l'est pour les enfants).

Voyager avec son vélo

Pour encourager la pratique, le gouvernement a rendu gratuit son transport dans les trains. Un wagon équipé à cet effet est disponible dans chaque rame. Vous devez obligatoirement y mettre votre vélo.

VISITES

Visites guidées

À pied – *www.guides.dk.* L'association des guides de tourisme organise des visites de la ville, en plusieurs langues. Nombreux thèmes : Copenhague historique, contemporain, visites de Rosenborg ou Christiansborg, boutiques et restaurants, etc.

En bateau – *✆ 32 54 41 02 - www.stromma.dk - durée 1h - dép. de mi-avr. à mi-sept. : ttes les 25mn à partir de 10h - sur réserv. - embarcadères : Gammel Strand* **(F5)** *et Nyhavn* **(G5)** *- 85 DKK (6-15 ans 43 DKK) - gratuit avec la Copenhagen Card de l'embarcadère de Gammel Strand - commentaires parfois en français (se rens.).* Moins romantique qu'à Amsterdam, une promenade sur les canaux de la capitale danoise reste une façon agréable de découvrir la ville, à bord de confortables bateaux à ciel ouvert.

En bus à impériale – *www.stromma.dk - dép. : tlj à 10h45, face à l'hôtel de ville, sur Vester Voldgade - 345 DKK (6-15 ans 173 DKK) - audioguide en français.* Cher, ce tour s'avère néanmoins bien pratique pour découvrir les principaux points d'intérêt de la ville en 2h30.

VOYAGER AUTREMENT

Sur les traces des séries TV – Nordic Noir Tours – *www.nordicnoirtours.com - dép. sam. à 14h et 16h devant la station de S-Tog de Vesterport - 200 à 800 DKK suivant le nombre de participants - 50 DKK de réduction si la réserv. est faite av. le mar. 14h.* Cette agence organise des visites (de 1h30 à 2h, en anglais, possibilité d'un guide francophone sur réserv.) autour de trois célèbres séries TV danoises : *Borgen*, *The Killing* et *Le Pont (Brøn)*, en partie filmées à Copenhague.

En dînant chez l'habitant – Meet the Danes – *www.meetthedanes.com - 480 DKK/pers. le dîner.* L'association « Rencontrez les Danois » organise des déjeuners ou des dîners chez des familles de la ville, pour ceux qui souhaitent découvrir Copenhague à travers ses habitants.

À travers l'artisanat – CPH Made - *✆ 20 35 65 79 - http://cphmade.org - 150 à 300 DKK selon le tour (-12 ans moitié prix).* Une vingtaine de circuits pour découvrir l'artisanat traditionnel de Copenhague, de la céramique au mobilier en passant par les spécialités gastronomiques.

Agenda culturel

RENDEZ-VOUS ANNUELS

Février

▶**Copenhagen Cooking** – *www.copenhagencooking.com.* Déclinaison plus modeste du célèbre festival de cuisine du même nom qui a lieu au mois d'août *(voir ci-contre).*

▶**Lego World** – *https://legoworld.lego.com.* Trois jours mi-février. Au Bella Center *(métro Bella Center),* le rendez-vous des fous de Lego, petits et grands.

Avril

▶**Anniversaire de la reine** – 16 avril. La souveraine salue la foule du balcon d'Amalienborg tandis que les troupes défilent.

Mai-juin

▶**Distortion** – *www.cphdistortion.dk.* Fin mai-début juin. Grandes soirées musicales dans les discothèques et bars de la ville.

▶**Carnaval** – *http://karneval-kbh.dk.* Week-end de la Pentecôte. Défilés dans le centre historique et concerts à Fælledparken.

▶**Festival de la Culture juive** – *https://mosaiske.dk.* Fin mai-début juin. Projections, concerts et lectures.

Juin

▶**Festival de la Photographie** – *http://copenhagenphotofestival.com.* Dix jours en juin. La photographie contemporaine s'expose dans toute la ville.

▶**Fête du Drapeau** – 15 juin. Fête nationale (mais ce n'est pas un jour férié) ; des petits drapeaux sont vendus dans toute la ville.

▶**Sankt Hans Aften (feux de la Saint-Jean)** – 23 juin (équivalent de la Saint-Jean fêtée le 24 juin en France). Des feux sont allumés à 22h dans chaque quartier de la ville.

Mai-août

▶**Concerts de Christiania** – *http://nemoland.dk.* De mi-mai à début août. Concerts gratuits au café Nemoland où découvrir la jeune garde danoise.

Juillet

▶**Festival de Roskilde** – *www.roskilde-festival.dk.* Fin juin-début juillet. Un des plus grands festivals de rock du monde, qui attire des centaines d'artistes et des milliers de fans venus de toute l'Europe.

▶**Festival de jazz** – *www.jazz.dk.* Dix jours début juillet. L'un des plus grands festivals du genre en Europe. Une version plus modeste a lieu en hiver, entre fin janvier et début février.

▶**Grøn Koncert** – *www.groenkoncert.dk.* Dix jours fin juillet. Une institution : des concerts de groupes rock danois au vert *(grøn),* dans le parc de Valby, au sud de la ville.

Juillet-août

▶**Festival d'Opéra** – *www.operafestival.dk.* Une semaine fin juillet-début août. Concerts en plein air pour tous, à travers la ville (et même parfois sur les bateaux).

▶**Festival d'été** – *www.copenhagensummerfestival.dk.* Fin juillet-début août. Concerts de musique de chambre interprétés par de jeunes talents à Charlottenborg.

▶**Festival international d'Orgues d'Holmen** – *www.holmenskirke.dk.* Chaque mercredi à 12h en juillet-août. Concerts gratuits d'orgue, avec des artistes venus du monde entier.

Août

▶**Kulturhavn** – *https://kulturhavn.kk.dk.* Fin août. Festival culturel autour (et sur) des canaux de la ville et des quais d'Islands Brygge (au sud de Christianshavn).

▶**Copenhagen Cooking** – *www.copenhagencooking.com.* Fin août. Festival gastronomique surfant sur le succès de la cuisine scandinave, et en particulier danoise.

▶**Copenhague Pride** – *www.copenhagenpride.dk.* Une semaine mi août. À Frederiksberg, concerts et défilés pour la Gay Pride, qui s'achève avec une grande parade dans la ville.

▶**Strøm** – *www.stromcph.dk.* Trois jours. Le grand festival de musique électronique, concerts gratuits dans toute la ville.

Septembre

▶**Golden Days** – *www.goldendaysfestival.dk.* Festival d'histoire. Expositions, conférences et concerts.

▶**Art Week Copenhague** – *https://artweek.nu.* Une semaine fin août-début septembre. Expositions, débats et événements célébrant l'art contemporain, dans les musées et les galeries.

▶**Festival de Blues** – *www.copenhagenbluesfestival.dk.* Cinq jours fin septembre. Le meilleur du blues international dans divers lieux de concerts.

Octobre

▶**Festival de cinéma** – *https://cphpix.dk.* Fin septembre-début octobre. Le CPH PIX est le plus important festival de cinéma du Danemark. Nombreuses projections et concerts.

▶**Designer Forum** – *www.designerforum.dk.* Deux jours début octobre. Une grande braderie de la mode, le rendez-vous des marques danoises où faire de bonnes affaires. Un autre début avril, désormais.

▶**Nuit de la Culture** – *www.kulturnatten.dk.* Mi-octobre. Sur le modèle de la Nuit Blanche de Paris, les institutions culturelles en tout genre ouvrent en nocturne.

Novembre

▶**Buster, festival international du Film pour enfants** – *https://cphpix.dk/buster/.* Dix jours fin octobre-début novembre. Projections et palmarès de films et documentaires jeunesse.

Décembre

▶**Marché de Noël de Tivoli** – Une tradition depuis 1994. Tout au long du mois de décembre, une foule importante vient y faire ses courses ; les enfants font du patin à glace sur le lac ; de nombreux restaurants servent le repas de Noël à la danoise.

Pour en savoir plus

Coucher de soleil sur les façades de la vieille ville.
dem10/iStock

Copenhague en onze dates

1167, LE PORT AUX HARENGS

Dans les années 1990, la construction du métro de Copenhague a permis de mettre au jour des vestiges qui témoignent de l'occupation du site dès le 8e s. Les traces d'une maison viking ont aussi été retrouvées à Kongens Nytorv. Mais la date de naissance officielle de la ville est 1167, lorsque **Absalon**, évêque de Roskilde, fit construire un château sur l'île de Slotsholmen, là où se dresse aujourd'hui le château de Christiansborg. Ainsi protégé, l'endroit devint une importante place de négoce, exportant ses harengs à travers toute l'Europe. Cette prospérité lui vaut son nom : København (« port des marchands »).

1443, LA VILLE CAPITALE

Éric de Poméranie rattache la ville à la couronne et en fait la capitale du royaume unifié de Danemark, Norvège et Suède. Outre son rôle de centre commercial et administratif, Copenhague devient un creuset culturel suite à la fondation de l'université en 1479.

1536, LA RÉFORME

Le roi Christian III impose le **luthéranisme** comme religion officielle, provoquant, tout au long du 16e s., une période d'incertitudes et de troubles.

1588, LE ROI BÂTISSEUR

Copenhague se développe et connaît son âge d'or grâce à l'ambition sans limite de **Christian IV** (*voir p. 136*), qui se lance dans une série de réalisations architecturales. Il dote la cité de ses plus beaux monuments, ainsi que du château de Rosenborg, de la Bourse et du quartier de **Christianshavn**, auquel il donne son nom.

1711, LA CHANCE TOURNE

Cette période faste est suivie d'une succession de catastrophes : tentative d'invasion suédoise, **épidémie** de peste bubonique en 1711. En 1728, un gigantesque **incendie** détruit une grande partie du centre, puis un second, à la fin du siècle, la ravage à nouveau. Toutefois, c'est aussi entre ces deux épisodes funestes qu'un élégant quartier, entre Kongens Nytorv et Amalienborg, voit le jour. Dernière calamité : le **bombardement** de Copenhague en 1807 par la flotte anglaise, qui ne tient aucun compte de la neutralité du Danemark.

1849, LES BASES DE LA DÉMOCRATIE

Dans les années 1830, la ville connaît une révolution artistique, culturelle et philosophique, une période faste qui voit aussi l'adoption de la première Constitution démocratique le 5 juin

1849 (aujourd'hui fête nationale) sous le règne de Frédéric II (1848-1863). À la même période, la ville obtient le droit d'élire son propre conseil municipal, alors qu'elle était jusqu'alors sous administration royale. Pour faire face à la croissance démographique, Copenhague assimile les quartiers d'Østerbro, Vesterbro et Nørrebro. En 1901, d'autres faubourgs sont intégrés. Frederiksberg, qui ne suit pas ce mouvement, devient une ville dans la ville, entièrement cernée par Copenhague.

1940, LA NEUTRALITÉ BAFOUÉE

Malgré le pacte de non-agression signé avec le IIIe Reich, le Danemark est envahi par les forces allemandes le 9 avril 1940. Tout au long de l'**occupation allemande**, les Danois font preuve d'un certain esprit de résistance civile. Fait le plus marquant, ils organisent le sauvetage des 7000 Juifs du royaume, qui sont évacués vers la Suède neutre ; la plupart sortiront indemnes de la guerre. Le pays est libéré par les forces britanniques le 8 mai 1945.

1948, LA RÉHABILITATION

Après la guerre, les sociaux-démocrates mettent en place les fondements du fameux système de **sécurité sociale** à la scandinave. En 1948, un plan de réhabilitation est lancé dans Copenhague pour pallier la dégradation de nombreux quartiers durant la guerre. La plus longue rue piétonne du pays, Strøget, est inaugurée en 1962.

1973, L'EUROPE, OUI MAIS...

Lors du référendum de 1972, 63,3 % des Danois approuvent **l'entrée dans l'Europe**. Le pays devient l'un des pionniers de la construction européenne avant de se laisser gagner par l'euroscepticisme.
Le royaume rejette le traité de Maastricht en 1992, par 50,7 % des votes exprimés et obtient, comme la Grande-Bretagne, de conserver sa propre monnaie, la couronne danoise.

2011, UNE FEMME AU POUVOIR

Alors que la série télévisée *Borgen*, qui met en scène une femme chef de l'État danois, connaît un succès mondial, la réalité rejoint la fiction : en octobre 2011, **Helle Thorning-Schmidt** devient Première ministre du Danemark. À la tête d'une coalition de gauche, elle est la première femme à occuper ce poste jusqu'aux élections législatives de juin 2015. Une coalition de droite ayant remporté la majorité, elle laisse la place à Lars Løkke Rasmussen.

2018, ANNÉE HEUREUSE

Selon le *World Happiness Report*, le Danemark est le troisième pays le plus heureux au monde, seulement devancé par la Finlande et la Norvège. L'étude, initiée par les Nations unies et concernant 156 États, prend en compte différents facteurs tels que, notamment, le PIB par habitant, la bonne gouvernance ainsi que la perception de la qualité de vie. Heureux donc, les Danois !

Les Vikings

LES EXPÉDITIONS

Les ancêtres des Danois ont pendant plusieurs siècles fait trembler l'Europe. Leurs raids violents et meurtriers remplissaient d'effroi les populations côtières d'Europe de l'Ouest et les Slaves des immenses plaines de la Russie. Pourtant, au-delà de cet aspect « barbare » qui leur est resté attaché, ces marins hors pair firent œuvre de bâtisseurs, que ce soit en Normandie, en Angleterre et plus tard en Sicile, ou, beaucoup plus à l'est, en fondant à Kiev ce qui allait devenir l'empire des tsars.

L'**époque des Vikings**, qui s'étend de 800 à 1050, marque l'entrée de la Scandinavie dans l'histoire.

Même si le tempérament guerrier des Vikings explique en grande partie les sanglantes campagnes auxquelles ils se livrèrent, ces pratiques avaient aussi des mobiles économiques et démographiques. En effet, au début du 9e s., la Scandinavie connaît un accroissement démographique que ne peut compenser l'extension des terres agricoles, rendue impossible par la nature du pays. En outre, la **loi viking** faisant des fils aînés les seuls héritiers, les cadets sont obligés de quitter la maison familiale pour aller chercher fortune ailleurs. Cependant, c'est grâce au développement de leurs invincibles navires de guerre, les *langskips* (mieux connus à tort sous le nom de **drakkars**, qui désigne en fait la proue du navire, *drekki*), au faible tirant d'eau, que les Vikings peuvent mettre en pratique leur stratégie de raids consistant en attaques soudaines et rapides.

LA SOCIÉTÉ ET LA RELIGION

Les Vikings sont des agriculteurs et des artisans habiles, doués pour le travail des métaux. Dans les cités vikings, l'activité repose sur l'artisanat et le négoce. La société s'organise en trois classes sociales bien distinctes. L'**aristocratie**, composée de seigneurs fonciers, chefs de clans qui élisent le roi, également grand prêtre de la religion d'Odin. Les **hommes libres**, pour la plupart paysans, se réunissent en assemblées qui font appliquer la loi et débattent des problèmes locaux. Enfin, les **esclaves** peuvent être des condamnés de droit commun, des débiteurs insolvables ou des étrangers capturés lors des raids.

La société viking est **polythéiste**. Odin est le dieu suprême, le dieu de la Guerre et des Guerriers morts au combat, mais il est également à l'origine des aspirations les plus nobles de l'homme. Thor, maître du tonnerre, est aussi un dieu guerrier, protecteur des Vikings ordinaires; ses intercessions ont des résultats plus bénéfiques et il est plus populaire que le redoutable Odin.

À voir à Copenhague : les collections vikings du Musée national et le musée des Bateaux vikings à Roskilde (voir p. 33 et 68).

Société et mode de vie

Le Danemark, et d'une façon plus générale la Scandinavie, sont souvent cités comme modèle dont on observe avec intérêt les évolutions. Parfois présenté avec emphase comme le « peuple le plus heureux du monde », la société danoise paraît stable, très bien organisée et, dans l'ensemble, confiante dans l'avenir, même si les choses ne sont pas si simples.

LA LANGUE

Le danois est une **langue germanique**, proche du suédois, ce qui a contribué à préserver des liens étroits entre les deux pays. S'ils arrivent à se lire sans difficulté, Danois et Suédois se comprennent plus difficilement à l'oral et passent souvent à l'anglais, langue qu'ils maîtrisent généralement tous très bien. À Copenhague, vous trouverez d'ailleurs toujours quelqu'un pour vous aider, dans un anglais parfait.

LA POPULATION

Resté à l'écart des grandes invasions en raison de sa situation géographique, le Danemark a pu conserver pratiquement intacte l'homogénéité de sa population jusqu'à la fin du 20ᵉ s. Dans leur grande majorité, les Danois descendent des **Vikings** *(voir page ci-contre)*.

L'immigration a commencé à se répandre avec l'arrivée de migrants du tiers-monde ou de pays subissant des dictatures à partir des années 1960, puis de façon plus marquée au début des années 1990. À Copenhague, les quartiers de Vestrebro et Nørrebro témoignent de cette nouvelle diversité. Si beaucoup d'immigrés se sont intégrés, les non-Européens connaissent de grandes difficultés à accéder au marché du travail.

DE L'INDIVIDUALISME À LA COLLECTIVITÉ

Éduqués dans une perspective d'autonomie et d'indépendance et dans le respect d'autrui, les Danois sont très individualistes, mais leur sens civique très développé tempère leur désir de liberté totale. Cette attitude se révèle par exemple en matière de protection de l'environnement, mais aussi dans la vie quotidienne avec le respect du code de la route ou des biens collectifs. On retrouve cette dualité dans leur efficacité légendaire, ou leur ambition, canalisée par leur passion pour l'égalité. Ainsi ont-ils élaboré une société solidaire où la différence entre hauts et bas salaires est relativement minime et la protection sociale une des plus complètes du monde. Cependant, depuis la fin des années 1990, les inégalités se sont creusées, et plutôt plus rapidement qu'ailleurs.

TRAVAIL ET VIE FAMILIALE

Beaucoup de Danois commencent tôt leur journée de travail afin de finir vers 16h ou 17h. Dès l'arrivée des beaux jours, ils s'arrangent pour terminer encore plus tôt, notamment le vendredi, tant le besoin de profiter du soleil est vital après un hiver long et sombre.
En outre, ils attachent beaucoup d'importance à leurs loisirs et à leur vie de famille. Le congé parental a été élargi à la suite des revendications du mouvement féministe.

L'HABITAT

Climat oblige, les Danois apportent un soin particulier à l'aménagement de leur intérieur : beaucoup d'espace, confort ultramoderne et mobilier de haute qualité pour les longues et impitoyables soirées d'automne et d'hiver. Le printemps venu, ils prennent d'assaut leur cabanon dans l'archipel ou au bord des fjords, parfois dénué d'électricité voire d'eau courante. La langue danoise possède d'ailleurs un terme intraduisible en français pour exprimer cette douce chaleur du foyer et la joie d'y être avec ceux qu'on aime : le **hygge** (prononcez « hugueuh »).

TOUS À VÉLO

Une vraie politique cycliste

La première piste cyclable de Copenhague remonte à... 1910 ! Restée timide jusqu'aux années 1960, la promotion du déplacement à vélo a pris de l'ampleur avec le premier choc pétrolier. Dans les décennies qui ont suivi, Copenhague a mis sur pied un véritable réseau cycliste, un urbanisme pensé pour l'efficacité et la sécurité des déplacements en deux-roues : pistes larges (elles peuvent accueillir jusqu'à trois cyclistes de front) et bien séparées des voitures, carrefours aménagés, itinéraires renforcés, etc. Une « autoroute à vélo » a même été créée en 2012 : la **Den Grønne Sti** (« le chemin vert »). D'une longueur de 8 km, elle permet de relier le centre-ville à la banlieue sans poser le pied à terre. Résultat : Copenhague partage avec Amsterdam le titre de « capitale européenne du vélo » et en fait aujourd'hui un atout touristique. Quoi de plus agréable – et économique – que de visiter la ville à vélo ?

Objectif un sur deux

Un tiers des habitants de Copenhague se déplacent aujourd'hui à vélo, une proportion que la municipalité espère porter à la moitié d'ici quelques années. Des campagnes d'affichage municipales rappellent ainsi régulièrement les avantages du deux-roues : économique, pratique, rapide et écologique. Les jeunes Danois sont familiarisés très tôt au cyclisme : vous verrez de nombreux « cargos » dans les rues, des petites charrettes à deux-roues dans lesquelles embarquent les jeunes enfants. Leurs bouilles réjouies montrent qu'ils adorent ça !

Voir nos itinéraires à vélo, p. 10.

Design

Beau et simple, pour une utilisation au quotidien : ainsi pourrait-on définir le design danois, qui cherche à apporter des solutions pratiques, esthétiques et démocratiques aux besoins de chacun. Souvent regroupée avec ses voisins finlandais et suédois sous l'appellation « design scandinave », l'école danoise possède toutefois une identité spécifique.

1920-1930 ARTISANALEMENT VÔTRE

Au commencement était la haute qualité de l'artisanat danois, en particulier le **travail du bois**, utilisé de tout temps dans ce pays de forêts. Les idées fonctionnelles et rationalistes du Bauhaus s'épanouissent, sous l'influence de talentueux leaders, à commencer par **Arne Jacobsen** *(voir p. 137)*, l'une des figures tutélaires du design danois. Les tenants de ce mouvement imaginent alors des meubles en bois aux lignes légères, d'une remarquable simplicité, inspirés par la nature, s'adaptant à tous les intérieurs.

1950-1960 UN SUCCÈS MONDIAL

Après-guerre, l'avènement de nouvelles techniques industrielles permet de passer à une production plus massive, sous la surveillance des meilleurs architectes et ébénistes de l'époque, en particulier **Hans J. Wegner** *(voir p. 137)*, dont les chaises feront le tour du monde. Les créateurs danois bénéficient aussi des progrès de la communication, qui leur permet d'accéder à une reconnaissance internationale. Certaines créations de cette époque restent des icônes, toujours en production : la *Bear Chair* de Hans Wegner (1950), le fauteuil *Egg* de Arne Jacobsen (1958) ou la lampe *PH5* de Poul Henningsen (1958).

DEPUIS 2000 LE RENOUVEAU

Malgré la concurrence d'autres pays dans les années 1980 et 1990 (l'Italie, la Grande-Bretagne, les Pays-Bas, et dans une moindre mesure la France et les États-Unis), le design danois, et plus généralement l'école scandinave, a connu un retour en grâce au début des années 2000, à la faveur de l'engouement du grand public pour le *vintage*. Le succès du géant suédois **Ikea** n'est pas non plus étranger à la diffusion de l'esprit scandinave dans les maisons.

La jeune génération des créateurs danois poursuit brillamment le chemin commencé par ses aînés. Les uns respectent le style classique tout en expérimentant de nouveaux matériaux ; d'autres, moins formalistes, comme **Louise Campbell**, imaginent des créations sculpturales et colorées.

À voir à Copenhague : musée du Design danois (p. 46).

Saveurs danoises

UNE TRADITION BIEN ANCRÉE

Les Danois aiment la bonne chère. Boulettes de viande, pommes de terre, saucisses au chou... la cuisine traditionnelle est simple et roborative.

Du pain...

Ne quittez pas Copenhague sans avoir goûté aux **smørrebrød**, tartines de pain de seigle garnies de saumon, de rôti de bœuf, de hareng, de charcuterie ou de légumes, toujours décorées avec finesse. Ce sont les *tapas* danoises servies dans de nombreux établissements.

Des produits de la mer...

Poissons et fruits de mer constituent la base de la cuisine danoise. Le saumon, la truite et la morue sont souvent servis pochés avec une noisette de beurre et du persil ou simplement grillés. Le poisson est aussi fumé ou mariné, ce qui produit des spécialités très recherchées, comme l'anguille fumée, le saumon mariné à l'aneth (le fameux *gravad lax*, d'origine suédoise), le hareng salé et la coquille saint-jacques marinée.

Et de la bière !

Si les brasseries **Carlsberg** et **Tuborg** sont connues mondialement, Thisted Bryghus, Wiibroe, Albani et Ceres produisent des breuvages fort appréciés.

LA NOUVELLE CUISINE NORDIQUE

Depuis les années 2000, Copenhague est la capitale de la « nouvelle cuisine nordique ». **René Redzepi**, du Noma *(voir p. 87)*, élu à quatre reprises « meilleur restaurant du monde », selon le classement très contesté établi par San Pellegrino, a été consacré chef de file d'une **nouvelle génération de chefs** au profil sensiblement identique : contrairement à leurs aînés, ils travaillent essentiellement sur le local. Ils inventent une cuisine qui leur ressemble : moderne, légère, servie sur ardoise ou bois brut plutôt que dans des assiettes. Herbes sauvages, légumes oubliés, crus ou marinés, baies inconnues, racines et mousses : ils assaisonnent les produits du terroir à l'air du temps... et ça fonctionne ! Dans le Guide Michelin 2018, Copenhague compte 15 restaurants étoilés et 11 Bib Gourmand : c'est dire la vivacité culinaire de la capitale danoise. La cuisine danoise tire profit des projecteurs braqués sur elle. Les chefs danois sont souvent finalistes des prestigieux « Bocuse », quand ils ne décrochent pas l'or comme, en 2011, **Rasmus Kofoed**, chef du Geranium, triplement étoilé depuis 2016 *(voir p. 88)*. Le Danemark assiste à l'avènement d'une cuisine biologique, goûteuse et raisonnée, qui attire les gourmets (fortunés) du monde entier.

Cinéma et séries

L'ESSOR DU CINÉMA DANOIS

Si l'on excepte le Danois **Carl Dreyer** (1889-1968), auteur de *Vampyr*, et qui réalisa en France, en 1928, une célèbre *Passion de Jeanne d'Arc*, les réalisateurs danois sont longtemps restés inconnus dans le reste du monde.

Quelques réussites comme *Le Festin de Babette* (1985) de Gabriel Axel (1918-2014), d'après une nouvelle de Karen Blixen *(voir p. 137)*, ou *Pelle le Conquérant* (1987) de Bille August (né en 1948), ont révélé une série de cinéastes danois talentueux. Le plus connu est sans conteste **Lars von Trier** (né en 1956). Après quelques films parfois provocateurs (*The Element of Crime*, 1984), il a connu un succès international avec *Breaking the Waves* (1996) et a reçu la Palme d'or du festival de Cannes en 2000 pour *Dancer in the Dark*. Il est à l'origine du Dogme, une charte du cinéaste ascétique (lumière naturelle, caméra à l'épaule, etc.) qui a inspiré de nombreux cinéastes, notamment la Danoise **Lone Scherfig**, réalisatrice en 2000 d'*Italian for Beginners*.

Autre figure contemporaine, le réalisateur **Nicolas Winding Refn** (né en 1970) s'est fait connaître avec la trilogie *Pusher* (1996-2005), un talent confirmé par le thriller hypnotique *Drive* (prix de la mise en scène à Cannes en 2011), puis par *Only God Forgives* en 2013 et *The Neon Demon* en 2016.

L'INCROYABLE SUCCÈS DES SÉRIES DANOISES

Inaugurées par *The Kingdom* (1994), de Lars von Trier, les séries danoises ont connu un formidable engouement ces dernières années, en particulier en France. *Borgen* (série politique autour d'une femme Premier ministre), *Brøn* (enquête binationale autour du pont de l'Øresund) et *The Killing* (série noire et complexe autour d'un crime) sont suivis par des centaines de milliers de téléspectateurs, les deux dernières ayant même été adaptées aux États-Unis, avec un retentissement mondial. Mise en scène léchée, écriture ciselée, héros crédibles et critiques sociales acerbes expliquent le succès de ces séries de haute facture.

La jeune garde de la réalisation danoise est devenue tellement réputée que c'est un metteur en scène danois, **Niels Arden Oplev**, qui a été choisi pour porter à l'écran le premier film de la trilogie pourtant éminemment suédoise *Millenium* (*Les hommes qui n'aimaient pas les femmes*, 2009).

Et la veine ne semble pas prête à se tarir : *Ride upon the Storm*, sur une famille de pasteurs, a passionné les Danois à l'automne 2017 avant sa diffusion en France par Arte.

Visites guidées sur les traces des héros des séries TV, voir p. 122.

Les grands personnages

CHRISTIAN IV (1577-1648)

Très populaire dans la mémoire collective du pays, ce roi est un peu le Louis XIV danois : il détient le record du règne le plus long de l'histoire du Danemark, avec 59 ans sur le trône ! Un temps qu'il a mis à profit pour entreprendre de nombreuses réformes, notamment militaires et économiques. Mais c'est son œuvre architecturale qui reste aujourd'hui la plus notable, du château de Rosenborg à la Tour ronde, en passant par Nyboder et la Bourse, et bien sûr, le quartier de Christianshavn baptisé en son honneur (« le port de Christian »). Autant de projets qui lui valent aujourd'hui encore d'être connu comme le « roi-bâtisseur ».

BERTEL THORVALDSEN (1770-1844)

Figure majeure de la sculpture néoclassique européenne, ce fils de sculpteur sur bois islandais surdoué intègre à 11 ans l'Académie royale des beaux-arts. Il gagne ensuite une bourse pour étudier à Rome, où il réside et travaille la majeure partie de sa vie. Il devient l'un des sculpteurs les plus connus de l'époque, répondant à des commandes en provenance de toutes les cours d'Europe. Il revient au Danemark en 1838, quand démarre la construction du musée qui abritera ses œuvres. Il meurt en 1844. Quatre ans plus tard, le musée ouvre ses portes *(voir p. 29)*.

HANS CHRISTIAN ANDERSEN (1805-1875)

Qui ne connaît pas *La Princesse au petit pois, La Petite Fille aux allumettes* et *La Petite Sirène* ? Passé à la postérité grâce à ses contes pour enfants, traduit dans le monde entier, cet écrivain danois fut aussi un grand voyageur, romancier, dramaturge et poète. En 1860, il devient le conteur officiel des enfants royaux, une reconnaissance tardive qui fait que certains spécialistes voient dans *Le Vilain Petit Canard*, et sa transformation en cygne, une parabole autobiographique. Il repose dans le cimetière de l'Assistance *(voir p. 58)*.

SØREN KIERKEGAARD (1813-1855)

Considéré comme le précurseur de l'existentialisme, ce philosophe a produit une œuvre dense, où s'exprime la quête d'une vérité qui serait vécue personnellement, et non seulement pensée abstraitement. Marqué par le deuil de ses parents et de cinq de ses six frères et sœurs, sa vie fut sinueuse et tourmentée, à l'image de son œuvre. Il meurt soudainement, et dans une grande pauvreté, à 42 ans. Comme Andersen, il repose dans le cimetière de l'Assistance *(voir p. 58)*.

KAREN BLIXEN (1885-1962)

La romancière est née à Rungsted, à 25 km au nord de Copenhague. En 1914, elle épouse le propriétaire d'une plantation de caféiers et part vivre au Kenya, un épisode qu'elle raconte dans *La Ferme africaine,* un roman autobiographique porté à l'écran sous le titre *Out of Africa* (1986), qui connaîtra un succès mondial. Karen Blixen revient au Danemark en 1931 pour s'installer à Rungsted, où elle demeure jusqu'à sa mort, sans cesser d'écrire. Elle est aussi l'auteur du *Festin de Babette*, également adapté à l'écran *(voir p. 135)*. Elle est enterrée dans sa propriété de Rungsted, transformée en musée *(voir p. 72)*.

ARNE JACOBSEN (1902-1971)

Figure de proue du design danois, cet architecte et designer a posé les bases du style scandinave, esthétique, rationnel et fonctionnel. Formé à l'Académie royale des beaux-arts, Arne Jacobsen fonde son agence en 1930, où il travaille jusqu'à sa mort. De renommée mondiale, ses plus grands succès sont encore édités aujourd'hui : les fauteuils *Egg* (Œuf, 1958) et *Swan* (Cygne, 1958) sont certainement les plus connus, comme la chaise *Ant* (Fourmi, 1952), vendue à plus de cinq millions d'exemplaires. Grand bâtisseur, il a aussi laissé des immeubles, des écoles et des usines au Danemark, et même un hôtel, le Radisson Blu Royal Hotel *(voir p. 109)*. Un demi-siècle après sa disparition, son influence reste immense.

HANS J. WEGNER (1914-2007)

Autre designer réputé, cet ébéniste de formation travailla avec Arne Jacobsen à ses débuts, avant de fonder son propre bureau d'études en 1943. Hans J. Wegner est surtout connu pour ses chaises, dont il fabriqua plus de 400 modèles durant sa carrière. Certaines, comme la *Wishbone Chair* (1949), sont fabriquées sans interruption depuis plus d'un demi-siècle. Ses plus célèbres sièges sont exposés au musée du Design danois *(voir p. 46)*, à l'instar de sa chaise ronde, surnommée *The Chair*, tout simplement. Celle-ci connut une notoriété foudroyante en apparaissant lors d'un débat télévisé entre John F. Kennedy et Richard Nixon, en 1960. Un formidable coup de pub !

JØRN UTZON (1918-2008)

Grand voyageur, formé à l'Académie royale des beaux-arts de Copenhague, cet architecte danois a réalisé de nombreux bâtiments à travers le monde, mais c'est l'extraordinaire opéra de Sydney, en Australie, qui est son œuvre la plus connue. Son architecture blanche en forme de coquille est même devenue l'un des symboles du pays. Pourtant, l'architecte, fâché avec les autorités australiennes auxquelles il reproche d'avoir en partie modifié le projet, n'assista ni à la fin du chantier, ni à l'inauguration en 1973.

Peinture, sculpture et littérature

Dès le Moyen Âge, les Scandinaves font appel, pour décorer les églises romanes et gothiques, à des artistes étrangers, principalement hollandais et allemands, que les artisans locaux imitent à leur tour. Au 15e s. et au début du 16e s. **Bernt Notke** et **Claus Berg** sont ainsi les initiateurs du style allemand de sculpture religieuse et ont de nombreux disciples en Scandinavie. L'appel aux artistes étrangers se perpétue tout au long du 17e s., marquant l'avènement de la Renaissance en Scandinavie, avec un siècle de retard sur le reste de l'Europe. De nombreux peintres et sculpteurs, ainsi que des architectes, sont attirés au Danemark par le roi **Christian IV** *(voir p. 136)* ; ce mécène des arts puise dans les riches réserves d'artistes européens pour embellir ses palais et orner ses galeries d'art. Ce n'est qu'au 18e s. que des **écoles d'art nationales** voient le jour. Au Danemark, la fondation de l'**Académie royale des arts** permet à des artistes danois de recevoir un enseignement approprié dans leur pays natal avant d'accomplir leur tour d'Europe. Par la suite, les aspirations des différentes tendances romantiques nationales du 19e s. provoquent un épanouissement sans précédent de l'art scandinave.

L'ÂGE D'OR DANOIS

Suite aux conséquences désastreuses de la politique danoise pendant les guerres napoléoniennes, les Danois mettent leur énergie créatrice au service de l'art, et le 19e s. devient ainsi l'âge d'or de leur art. **Bertel Thorvaldsen** (1770-1844), que l'on considère en général comme le plus grand sculpteur danois *(voir p. 136)*, domine la première moitié du siècle. Il passe de nombreuses années à Rome où il acquiert une renommée internationale en tant que représentant du néoclassicisme. À son retour au pays, il est accueilli en héros et lègue toute son œuvre à la ville de Copenhague, qui fit construire un musée en son honneur *(voir p. 29)*. Son contemporain, le peintre **Christoffer Wilhelm Eckersberg** (1783-1853), au style net et élégant, influence plusieurs générations de peintres pendant ses trente-cinq années d'enseignement à l'Académie royale des arts. C'est le fondateur de l'École danoise. À partir de 1850, les artistes danois se tournent vers le réalisme et choisissent la nature comme principale source d'inspiration. Les **« peintres de Skagen »** (sur la côte à l'extrême nord du Jutland) comme Anna et Michael Ancher ou P. S. Krøyer concentrent leurs recherches sur la lumière, et s'attachent à représenter les scènes de la vie quotidienne dans une démarche qui peut évoquer celle des peintres de Barbizon. Ils seront suivis notamment par les **« peintres fioniens »**, dont les plus célèbres sont Johannes Larsen (1867-1961) et Peter Hansen (1868-1928). Jens Ferdinand Willumsen (1863-1958), l'un des plus grands peintres scandinaves et l'un des représentants du symbolisme et de l'expressionnisme, fait partie du groupe de Pont-Aven où il travaille avec Paul Gauguin à la fin du 19e s. Pour autant, l'une des principales personnalités de l'époque s'exprime dans un style tout à fait différent : il s'agit de l'énigmatique **Vilhelm Hammershøi** (1864-1916), dont les portraits de femmes donnent une impression de solitude profonde confinant au malaise.

LA PEINTURE MODERNE

On retiendra en particulier les noms d'**Asger Jorn** (1914-1973), fondateur du groupe Cobra en réaction à la société d'après-guerre, et du peintre et sculpteur **Per Kirkeby** (1938-2018). Largement représenté dans les musées danois, notamment à Louisiana *(voir p. 67)*, ce dernier développe dans ses grandes compositions un style très personnel et une maîtrise de la couleur comme du dessin.

LA LITTÉRATURE

Méconnue en France, si l'on excepte les fameux « polars nordiques » en vogue aujourd'hui, la littérature scandinave, et en particulier danoise, est pourtant riche. Après les guerres napoléoniennes, le Danemark – et avec lui la Suède – éprouve le besoin de réaffirmer son identité nationale. Le regard des écrivains se tourne alors vers les **sagas** de leur lointain passé. Au temps des Vikings, lors des festins, les bardes récitaient des poèmes épiques fondés sur des événements historiques, embellis pour plaire aux chefs. Ces contes ont été transcrits et enrichis, ce qui a permis de faire passer à la postérité un (très) glorieux passé. Les thèmes qui nourrissent la littérature des 19e et 20e s. montrent que les écrivains ont beaucoup lu ces sagas, renfermant l'essence même du tempérament et de la culture locale : la communion avec la nature, un sentiment latent d'angoisse et de mélancolie, l'obsession de la solitude, conférant néanmoins une certaine force et un amour profond pour le folklore en tant que racine de l'identité scandinave.

Outre le conteur **Hans Christian Andersen** *(voir p. 136)*, extrêmement populaire de son vivant, le 19e s. est dominé par le philosophe **Søren Kierkegaard** *(voir p. 136)* et **Nikolaj Grundtvig** (1783-1872), chantre de la liberté individuelle dans le domaine éducatif.

Karen Blixen *(voir p. 137)* est certainement l'auteur danois le plus populaire du 20e s., en partie grâce à ses romans adaptés à l'écran. **Peter Høeg** (né en 1957), auteur de *Smilla et l'Amour de la neige*, roman à suspense de grande qualité, fait partie de la nouvelle vague des écrivains danois, à laquelle appartient aussi **Jens Christian Grøndahl** (né en 1959), dont *Bruits de cœur* met en scène un inoubliable personnage féminin.

N

O

P

Q

Crédits photographiques p. 4-5
(de gauche à droite et de haut en bas)

P. Klemp/Designmuseum Denmark
I. Vdovin/age fotostock
S. Pitamitz/age fotostock
PhotographerCW/iStock
C. Alsing/www.copenhagenmediacenter.com
T. Stange/www.copenhagenmediacenter.com
Alexander Calder, The Calder Terrace, the mobile Little Janey-Waney, 1964-76.
K. Hansen/www.copenhagenmediacenter.com/2018, Calder Foundation, New York / ADAGP, Paris
S. Pitamitz/robertharding/age fotostock
NielsDK/imageBROKER/age fotostock
F. Fell/robertharding/age fotostock

Collection sous la direction de Philippe Orain

Responsable d'édition et rédactrice en chef du guide : Lucie Fontaine

Secrétaire d'édition Émilie Vialettes

Rédaction Gautier Battistella, François Capelani, Mélanie Cornière, Guylaine Idoux, Illan Klipper, Elisabeth Morris, Pierre Plantier, Jérôme Saglio, Olivier Truc

Remerciements Anna Orlando (VisitDenmark)

Ont contribué à ce guide Theodor Cepraga, Iulia-Elena Costache (**Cartographie**), Véronique Aissani, Carole Diascorn (**Couverture**), Maria Gaspar, Sophie Roques (**Iconographie**), Bénédicte Lathès, Irina Racaru (**Données objectives**), Bogdan Gheorghiu, Cristian Catona, Hervé Dubois, Pascal Grougon (**Prépresse**), Dominique Auclair (**Pilotage**)

Plans de ville : © MICHELIN et © 2006-2017 TomTom. All rights reserved.

Conception graphique Laurent Muller (couverture et maquette intérieure)

Régie publicitaire et partenariats business-solutions@tp.michelin.com
Le contenu des pages de publicité insérées dans ce guide n'engage que la responsabilité des annonceurs.

Contacts Michelin
Guides Touristiques
27 cours de l'Ile Seguin, 92100 Boulogne Billancourt
Service consommateurs : tourisme@tp.michelin.com

Parution 2019

Michelin Travel Partner

Société par actions simplifiée au capital de 15 044 940 EUR
27 Cours de l'Ile Seguin - 92100 Boulogne Billancourt (France)
R.C.S. Nanterre 433 677 721

Dépôt légal : 08-2018 – ISSN 0293-9436
Compograveur : Michelin Travel Partner, Boulogne-Billancourt
Imprimeur : IME by Estimprim, Autechaux
Imprimé en France : 08-2018

Usine certifiée 14001
Sur du papier issu de forêts gérées durablement (100 % PEFC)